自　序

　　東亞文化的中心在中國，中原文化首先流傳到周邊的地區，周邊民族受到中國文化的刺激，而產生文化的自覺。其後隨著周邊民族的勢力增強，文化擴張的運動也改變其方向，逐漸由周邊向中心復歸。此正向運動與相反運動，作用與反作用交替循環即是東亞文化形成的歷史。換句話説，東亞文化形成的軌跡，是最初發生於黃河流域的中國文化逐漸發展而影響周邊民族的「中心向周邊」的發展徑路。周邊民族吸收中國文化而產生「文化自覺」，周邊民族自覺的結果，終於形成影響中國的勢力，其文化也隨之流入中國，即「周邊向中心」發展的文化波動。由「中心向周邊」傳播而形成「周邊地區文化自覺」，其後「周邊向中心」回流影響的徑路，或許可以探究東亞文化的發展軌跡，説明東亞文化的形態。至於當代儒學的發展，又可以在中日儒學的因革中，窺知結合日本近世以來以禮俗制度化，教化及於庶民的實際功能和戰後台灣新儒家感受時代，關懷社會而講學民間，提倡社會讀經之返本開新的儒學開展，乃是今日儒學的發展取向。蓋禮俗制度化是以形式保有實質而達到化民成俗，富而好禮的儒學教化功能。民間講學的人文傳播，在使社會大眾認識其安身立命的所在，而社會讀經的普遍化，則能提昇社會文化的人文素養。因此禮俗制度化而化民成俗是「鄉土情」的根植，

講學民間和社會讀經的慧命傳承是「文化心」的涵養。「鄉土情」的凝聚，得以溝通人我，化解人際的疏離；「文化心」的真實而安住內在，則可消除現代人心靈的空虛，如此精神生活才能充實，文化心靈才能悅樂。以此架構的「文化中國」的人文社會，或為人間社會的理想形態。

　　在中日學術交流與發展上，清末民初中日學術交流是以京都為中心，羅振玉、王國維來日，與以狩野直喜、內藤湖南為中心之京都中國學派進行活絡的學術交流。戰後，中國學術研究的傳統為台灣學界所承續，以九州大學為中心的九州學界的中國學研究也逐漸嶄露頭角。特別是七十年代以後，台灣儒學界與九州中國學界的交流盛況空前，至今三十年交流的成果豐碩。如以岡田武彥、荒木見悟為主的九州宋明理學與佛學的研究為台灣學界所認知。至於日本漢學、尤其是江戶時代以後的中國學成為台灣學界研究的對象之一，而台灣新儒家的活躍則引發了日本學界對「儒家之現代意義」問題的關懷。因此台灣儒學研究可以說是今後以台灣為對象而展開的近代三百年台灣與日本學術交流關係史研究的新課題。

連　清吉
二〇〇二年仲夏序於長崎

從螺旋史觀看中日文化的發展

目　次

附錄：九州當代中國學

序論：

以內藤湖南的螺旋循環史觀論 近世以來中日文化傳播的軌跡

關鍵詞　螺旋循環史觀　文化自覺　文明對話　普遍價值觀

前言、內藤湖南的螺旋循環史觀

　　有關文化發展，有所謂由於各個地域的人或集團配合自身生存的自然生態，根據固有的文化傳統，吸收外來的知識、技術、制度而自發性的創造出文化的「內發性」（endogenous）發展的理論。❶而探究東亞文化形成與發展的問題時，恰如宇宙太陽系的形態，是以中國爲中心，其周邊地區受中國影響，引發文化的自覺而後創造出自身的文化。根據內藤湖南的説法，東亞文化是萌芽於中國黃河流域的文化，而後向西邊或南方展開，再向東北發展，最後跨海傳

---

❶　鶴見和子《內發的發展論》，東京：東京大學出版會，1989年。

到日本。❷即發生於黃河流域的中國文化傳到周邊地區後，刺激周邊地區民族，喚起該地域的自覺意識，逐漸形成其自身的文化形態，最後影響及日本，日本也創造出「日本的」文化。因此在思考東亞文化全體發展的問題時，所謂中國的、日本的、韓國的國家主義或民族意識，就各國而言，固然是相當重要的問題；但是就文化發展而言，則不是以民族為主體的自我展開的過程而已，是超越民族的獨自性和差別性而產生三度空間之文化繼承與融合的過程。換句話說，東亞文化的發展是超越民族的境界，以東亞全體為一的文化形態而構築形成的。

東亞文化的傳播是中心向周邊影響的正向運動和周邊向中心影響的相反方向運動交織而成的「螺旋循環」。❸內藤湖南説：東亞文化的中心在中國，中原文化首先流傳到周邊的地區，周邊民族受到中國文化的刺激，也形成文化的自覺。中世以後隨著周邊民族的勢力增強，文化擴張的運動也改變其方向，逐漸由周邊向中心復歸。此正向運動與相反運動，作用與反作用交替循環即是東亞文化形成的歷史。❹因此，就東亞文化發展而言，其主體雖然是中國的文化，

❷　〈日本文化とは何ぞや（その二）〉，《日本文化史研究》（上），1987年3月，東京：講談社學術文庫，《內藤湖南全集》第9卷，東京：筑摩書房，1997年7月。

❸　內藤湖南〈學變臆説〉說：文化傳播的路徑不是直線的，而是螺旋狀而提昇。（《淚珠唾珠》所收，《內藤湖南全集》第1卷，筑摩書房，1996年1月）。

❹　同❷。有關內藤湖南「螺旋史觀」的學說，參宮崎市定〈獨創的なシナ學者內藤湖南博士〉，《宮崎市定全集》24，東京：岩波書店，1994年2月，小川環樹〈內藤湖南の學問とその生涯〉，《內藤湖南》，東京：中央公論社，1984年9月。

中世以後則形成包含中國以內的東亞文化的時代。至於東亞文化形成的軌跡，則是最初發生於黃河流域的中國文化逐漸發展而影響周邊民族的「中心向周邊」的發展徑路。周邊民族吸收中國文化而產生「文化自覺」，周邊民族自覺的結果，終於形成影響中國的勢力，周邊的文化也流入中國，即「周邊向中心」發展的文化波動。本文擬根據「中心向周邊」傳播而形成「周邊地區文化自覺」，其後「周邊向中心」回流影響的徑路，探究東亞文化的發展軌跡，說明東亞文化的形態。

一、中心向周邊傳播

安井小太郎說：到江戶時代爲止的日本的學問始終是模倣中國的。❺西村天囚的《日本宋學史》指出：以朱子學爲主的宋學最初傳入日本的時期，是在日本的南北朝初期，即距離朱子的時代約有一百五、六十年。又伊藤仁齋或荻生徂徠的學問，類似中國明朝中葉的學者，伊藤仁齋和荻生徂徠與明朝中葉的學者的年代，亦有一百三、四十年到一百六、七十年的差距。此學問流傳的情況，內藤湖南以天候氣象的自然現象來說明。內藤湖南說：連結同一緯度地區的同一時期的氣象溫度，可形成一條曲線；然而此一曲線與地球的緯度有相當的差距。在中國形成的風雲，於一些時日之後，也吹到了日本。此一曲線與思想的層面有深遠的關連，中國產生的學問於

---

❺　安井小太郎〈《篁村遺文》跋〉。

一百五、六十年之後，也傳到日本。❻茲以日本江戶後期接受清朝考證學的概況，說明東亞、特別是中日文化之「中心向周邊」傳播的情形。

江戶時代所謂的折衷學派，只是折衷古注、新注、仁齋、徂徠之說，尚未能樹立一家之言而開拓新局，代表的學者是井上蘭臺、井上金峨。至於井上金峨的門下山本北山似有別立一派，如清儒考據學的趨向，但尚不能超越折衷學派的境域。至其弟子大田錦城（1765-1825）之時，才有真正的考據學的盛行。大田錦城的《九經談》卷五指出「予作大疏，以古注爲主，古注所不通，則以朱注補之，朱注所不通，則以明清諸家之說補之，諸家所不通，則以一得之愚補之」。大田錦城的學風是純然的考據學，其說兼採漢宋、參酌明清而成一家之言。因此日本的考據學可以說是以大田錦城爲嚆矢。❼

與大田錦城幾乎同時，亦宜歸屬爲考證學者的是龜井昭陽（1773-1836）。龜井昭陽的家學雖然是古文辭學派的傳承，其著作大抵是經學的研究爲主，學問的特色則既有古學派嚴密於字句考證的本領，更留意於文章全篇段落章節的前後連屬，進而以構圖的方

---

❻ 內藤湖南〈履軒學問の影響〉，《先哲の學問》，東京：筑摩叢書，1987年9月。

❼ 安井小太郎〈大田錦城〉，《日本儒學史》卷6，富山房，1939年4月。有關安井小太郎的《日本儒學史》，參連清吉〈安井小太郎及其《日本儒學史》〉，《東亞文化的探索——傳統文化的發展》，黃俊傑・町田三郎・福田殖主編，台北：正中書局，1996年11月。

式顯示文章的脈絡關係。❽因此龜井昭陽的學問乃超越古文辭學系統的藩籬而進入嚴謹考證的領域。至於其之所以重視經學，誠有反省傳統漢學研究的用心，探究其以經學爲中心的治學態度，乃不滿於幕府官學以宋學爲中心的學界趨勢，主張復古而以五經爲中心，從事根本學問的研究。

安井息軒（1799-1876）兼修漢唐古註、宋儒新註、清儒考證之學，又出入仁齋、徂徠的古學，其《論語集説》、《孟子定本》、《管子纂詁》皆足以代表日本考證學的著作。故安井息軒可以説是幕末考證學之集大成者。如《論語集説》一書並舉古注、即魏晉何晏集解、皇侃義疏等及朱子集註，又兼收清朝考據學家的考證與伊藤仁齋、荻生徂徠等江戶儒者的注釋，更旁徵經傳諸子史書的典故，以爲自身見解的根據而補正諸説的不足與脫誤。由於旁徵博引與取捨精當，故明治四十二年（1909），服部宇之吉監修《漢文大系》（富山房出版）時，即以安井息軒的《論語集説》、《孟子定本》、《大學説》、《中庸説》爲卷首。❾

有關江戶時代的儒學，安井小太郎指出：江戶時代的儒者是以《四書》與古文經學的研究爲主。❿至於江戶儒者的研究方法，雖然未必有如清朝儒者於校勘與辨僞方面有原則的發現和專門論著的撰

❽ 町田三郎先生〈『漢學』二題〉，川添昭二《地域における國際化の歷史的展開に關する總合研究──九州地域に於ける──》所收，1989年3月科研成果報告書。

❾ 連清吉〈安井息軒：集日本考證學的大成〉，《日本江戶時代的考證學家及其學問》，台北：學生書局，1998年12月。

❿ 同注❼。

述，又古籍亡佚的輯佚工作也未必有關注。但是探究大田錦城等人的學問，或可以窺知日本的考證學的特色。大田錦城的學問在旁搜博引的基礎上，以「實事求是」，即實證爲原則，追求文獻考證學的究極。晚年又主張以文獻考證爲基礎，精確地發揮聖人之道，探究學問的究極，企求重建儒學的精神。換句話說，大田錦城反省當時的儒學研究缺乏實用性，因此，在考證學流行的時代中，「實事求是」的學問方法固然是極爲必要的手段，但是聖人之道的發揚與實踐，才是學問的究極。江戶末期於經傳有深入探究的學者並不多，異於當時的學術潮流，埋首於經學研究，獨樹一格的是九州出身的龜井昭陽。龜井昭陽說：「余用畢生之力於詩書，猶先考之於論語」（《家學小言》第二十五章）正說明自身學問的宗尚乃在於經書的研究。至於龜井昭陽於經學研究的特徵，不僅是經書的注釋而已，乃在於精確地解釋經書的內容，進而分析文章的構造，探究全書的體例，尋求考證原則與方法的建立。雖然龜井昭陽未必發明了明確的考證經書的法則，但是龜井昭陽重視經書之構造性分析的研究方法，乃開日本經學考證方法的先聲。

　　幕末昌平黌教授安井息軒於經學研究的一貫態度是不拘泥於古注或新注而唯善是取。因此，於其經書注釋中，不但有漢唐古注、宋明新注，也有清朝考證學成果的引述，至於字句考證則頗爲精審，論斷亦極其愼重。此一學問態度乃反映了幕末既不極端地傾向朱子學，也不一味地倒向漢唐注疏之不執著於學派學統的學風。❶❶

---

❶❶　參連清吉〈清代與日本江戶時代經學考證學的異同〉，《日本江戶時代的考證學家及其學問》，台北：學生書局，1998年12月。

二、周邊地區的文化自覺

　　由於日本幕末尊王攘夷論，即抵抗西洋強大勢力而高唱大日本主義思潮的影響，在學問研究方面，以日本爲中心的思想也盛極一時。特別是幕末到明治初期，反對西洋至上之風潮而產生與西洋文明對抗之東洋傳統漢學復興的主張，其代表的儒者是安井息軒。安井息軒以爲維繫西洋文明之基督教所架構的是神主支配的世界，但是儒家經典所重視的是士大夫爲主宰的世界。又基督教的宗教精神是萬民平等，儒家的理想社會則是秩序整然，二者是扞隔不入的。再以科學理性主義檢尋聖經的記載，則聖經所記載的奇蹟和預言，是荒誕不經的，又聖經原罪論乃違反宗教淑世的精神。於是安井息軒撰述《辨妄》一書，批判聖經的虛妄，質問西洋文明的合理性，向西洋傾向的時勢提出了質疑。⑫雖然如此，到了明治十年前後，幕末的漢學家於先後死去，以松崎慊堂、安井息軒爲中心的幕末漢學隆盛期亦已成爲歷史的痕跡，西洋的學問如排山倒海而不可抑制地充斥日本全國。維新政府感受東洋的傳統學問將沈淪不復，乃於明治十年，在東京大學設置和漢文學科，企圖維護逐漸衰退的日本傳統學問。再者當時無論研究歷史或政治學，都必需要有和漢古典、歷史、文學等基礎知識，又於十五年五月，設立以「國學」爲主的「古典講習科」。同年十一月，文部省專門局長濱尾新提出設立漢

---

⑫　安井息軒的基督教批判，參考町田三郎先生〈安井息軒覺書〉，《東方學》72輯，1986年7月。

文學講習科的必要。於是以「國學」為主的「古典講習科」稱為「古典講習科」甲部，以「漢文學」為主的稱為「支那古典講習科」，屬於「古典講習科」乙部。修業年限為四年。招收四十名學生。但是由於大學經費短缺，而且受到一般社會流行尊重「洋學」風氣的影響，明治十八年停止招收古典講習科的學生，明治二十年將古典講習科的修業年限縮短了一年，翌年廢止古典講習科。雖然古典講習科的歷史甚短，畢業生也才有四十四名，但是由明治後半到昭和初年，由於古典講習科發揮有其承先啟後的功能，代表日本東洋學的才俊輩出，建立日本近世中國學的基礎。因為「古典講習科」所講授的是以《皇清經解》為中心的實證之學，開啟近代的「漢學」研究的先聲。又由於漢學研究領域的擴大而開展了嶄新的研究領域，如林泰輔的中國古代史和甲骨文的研究，長尾雨山的中國書畫論，安井小太郎日本漢學史即是。再者「古典講習科」的畢業生不但自身活躍於當時的日本漢學界，亦於大學培育人才，建立了近代中國學研究的基盤，確立了承先啟後的地位。[13]

明治十年「西南戰役」以後，日本國內政治安定，逐漸發展成亞洲中唯一的近代國家。明治十八年，締結天津條約，日清兩國在政治上形成對等關係，日本人的中國觀自此以後也有了重大的改變。在中國學研究上，日本漢學研究有足以與中國本土學問匹敵的傑作存在，而日本文化亦擁有日本獨特的形態，可為東洋文化代表的思惟逐漸形成。特別是明治末期以來，由於研究方法新穎，成果

---

[13] 關於「古典講習科」，參閱町田三郎先生的〈東京大學『古典講習科』の人人〉，《九州大學哲學年報》51期，1992年3月。

堅實，以超越中國本土的研究而達到世界學術水平為目標，逐漸走向確立日本近代中國學的道路。

明治三、四十年代，由於日本獲得中日、日俄戰爭的勝利，穩固其亞洲先進國家的地位，完成近代國家的政治體制。隨著時代的推移，日本人自以為是先於中國實踐近代化的先進國家，形成日本比中國優越的價值意識。在此風潮的影響之下，日本的知識階層的中國觀自然也有所更易。漢學者固然尊重中國傳統的學問，然而在民族意識的高昂，提倡日本主義的聲浪不絕於耳的情勢下，❹先哲前賢著述而足以匹敵中國學者的編纂，以史學觀點整理江戶儒者學說的撰述一時興盛。前者的代表是服部宇之吉編修的《漢文大系》、早稻田大學出版的《漢籍國字解全書》。後者的代表則是以學案、學派的形式論述江戶時代儒學史的安井小太郎的《日本儒學史》。

《漢文大系》是從明治四十一年（1909）到大正五年（1916）的七年間刊行而成的，全書共二十二卷，收載三十八種書籍。按四部分類的話，可分為

經部：易經、書經、詩經、春秋左氏傳、禮記、四書、弟子職、
　　　小學。

史部：戰國策、史記（列傳）、十八史略。

---

❹ 神田喜一郎說：大抵以中日戰役為契機，一般日本人對中國文化的態度遽變。（《日本における中國文學Ⅱ》，《神田喜一郎全集》第7卷，1986年12月，京都：同朋舍）中日戰爭的結果，與其說一般日本人輕視中國，毋寧說誘發蔑視中國文化的風潮。漢學、漢詩文之所以受到嚴重的打擊，與此社會背景有極大的關連。（《日本における中國文學Ⅱ》，《神田喜一郎全集》第7卷，1986年12月，京都：同朋舍）。

> 子部：老子、莊子、墨子、韓非子、管子、荀子、淮南子、七
> 書、孔子家語、近思錄、傳習錄。
>
> 集部：楚辭、唐詩選、三體詩、古文真寶、文章規範、古詩賞
> 析。

服部宇之吉編輯《漢文大系》目的有二，一為系統的介紹具有代表性而且是常識性的中國古典及其精審的注釋，二為蒐集日本幕末到明治時代儒學家的研究成果。至於《漢文大系》所顯示的意義，則在於介紹中國最新的學術研究，推崇日本幕末以來前賢於漢學研究的成果。因為《漢文大系》所收集的中國古典注釋不但有漢魏唐宋的注解，也有孫詒讓《墨子閒詁》、王先謙《荀子集解》等清人的注釋。至於日本前人的注釋，特別是諸子的注疏更是大量的收錄。如安井息軒的《四書注》、《管子纂詁》，太田全齋的《韓非子注》等。因此《漢文大系》的編輯固然可以代表日本近代學術研究的成果，更重要的是，在日本近代化國家確立的時代背景下，其學術研究上，特別是諸子研究，也有足以與中國當代的學問，即清朝學術比肩的成果，這或許是服部宇之吉編輯《漢文大系》最大的用心所在。❺

《漢籍國字解全書》是早稻田大學出版部於明治四十二年（1910）到大正六年（1917）的八年間，分四次出版而成的。全書收集了江戶時代的國字解，特別是日本漢學鼎盛之元祿（1688-1704）至享保（1716-1736）年間的「先哲遺著」和當時學者的新注而成的。

---

❺　有關《漢文大系》，參町田三郎先生〈漢文大系について〉，《九州大學
　　文化史研究》34輯，1989年3月。

第一輯：四書、易經、詩經、書經、小學、近思錄、老子、莊
　　　　子、列子、孫子、唐詩選、古文真寶。

第二輯：春秋左氏傳、傳習錄、楚辭、管子、墨子、荀子、韓
　　　　非子。

第三輯：禮記、莊子、唐宋八家文讀本。

第四輯：文章規範、續文章規範、十八史略、戰國策、國語、
　　　　淮南子、蒙求。

　　所謂漢籍國字解，是中國古典的國字化，即融和漢學與國學的
注釋，換句話説是漢學的日本化，此乃形成日本文化的重要關鍵。
因此，《漢籍國字解全書》雖然和《漢文大系》同樣是整理漢籍，
但是《漢籍國字解全書》的主要目的在保存日本文化的遺產與發揚
近代日本學術研究的成果，不止是江戶時代到明治大正期漢學史的
參考資料，更是探究日本近代學術文化的重要依據。再者，《漢文
大系》的編輯有兼收中國與日本於漢學研究成果，進而顯示日本漢
學特色的用心，❶《漢籍國字解全書》則全盤顯示漢學日本化的色彩，
換句話説日本本土文化意識的顯揚是《漢籍國字解全書》的編輯目
的。

　　《日本儒學史》六卷是補訂安井小太郎講授於東京文理大學及
大東文化學院的原稿，在昭和十四年（1939），經過門人的校正，
附錄安井小太郎的「日本朱子學派學統表」及《日本漢文學史》的
稿本，由富山房出版的。安井小太郎以爲元祿時期，反朱子學的古

---

❶　關於《漢籍國字解》的論說，參町田三郎先生〈《漢籍國字解全書》につ
　　いて〉，《東洋の思想と宗教》第九號，1992年5月。

學派，即山鹿素行的古學，伊藤仁齋、東涯父子的古義學，荻生徂徠的古文辭學的盛行，是江戶時代儒學的鼎盛時期。至於文化文政（1804-1829）到嘉永安政（1848-1859），朱子學與陽明學的復興，漢唐學及考證學依次興起，則是江戶期儒學的第二個高峯。《日本儒學史》的體例，是先辨明江戶儒者學問的系統和學派的歸屬，然後敘述生平傳略，論述其學術的內容及在儒學史上的地位，進而品評其學術的優劣得失。換句話説，安井小太郎並非列舉先哲的著作和學説而已，是以學術史的觀點，進行取捨品隲。就此意義而言，安井小太郎的《日本儒學史》可以和黃宗羲的《宋元學案》、《明儒學案》相提並論。

三、周邊向中心復歸

明治三十三年，內藤湖南以爲日本近代中國學宜以融合東西學術，創造第三新文明爲目標，至於學問的方法則是清朝的考證學，因爲德川末期的漢學是固守傳統而無進展的學問，而清朝學者的考證學，乃體得了西歐理性主義的學問方法，因此日本的學者應提昇自身的學問而到達清朝考證學的學問水準，進而確立研究方法，樹立東洋學術，開拓世界文明的新局面。[17]以內藤湖南、狩野直喜爲中心而創刊的《支那學》雜誌，則是實現以合理的科學的精神爲治學的態度，蒐集了達到世界學問水準之研究論著的具體成果，確立了日本近代中國學的基礎。再者以內藤湖南、狩野直喜爲中心之京都

---

[17]　內藤湖南〈讀書に關する邦人の弊風付漢學の門徑〉，於《內藤湖南全集》第2卷，《燕山楚水》，東京：筑摩書房，1996年12月。

中國學派所從事的「敦煌學」與「俗文學」的研究，更開啓以「與
中國當代考證學風同一步調」之新學風爲目標，而形成合乎世界學
術水準的學問。至於內藤湖南有關「日本文化史」的一系列研究論
述，更是脫離傳統漢文的「場」而以世界爲目標之學風下的產物。
內藤湖南以爲富永仲基的「加上説」不但江戸時代漢學研究中最獨
特且有邏輯性的理論，也是通用於世界的研究方法，⓲因此祖述富永
仲基獨創性學風，發揮其博學識見而提出的「文化中心移動説」、
「螺旋循環史觀」。雖然內藤湖南自稱其研究爲「獨斷史觀」，由
於有歷史文化的底據，何嘗不是放諸四海皆準的學界通説。再者一
般以爲應仁之亂是日本黑暗時代，但是內藤湖南卻認爲當時的公卿
盡其所能地保存書籍和文化，則是象徵著具有「日本文化素質」的
時代。賀茂真淵、本居宣長主張日本具有優異於中國學問的特殊性，
而鼓吹日本主義。內藤湖南則以爲日本文化中固然有中國文化的存
在，但是由於前人的愛惜保有與融合受用，中國既已亡佚的文物，
卻尚存在於日本，進而形成「日本的」文化，此「受容而變容」的
文化即是日本獨特的文化形態。明治以來，以「受容而變容」的形
態融通西洋近代文化與東洋傳統文化而形成的日本近代學術文化，
即通過各種管道而傳入中國。⓳

⓲　內藤湖南《先哲の學問》，筑摩書房，1987年9月。宮崎市定説：顧頡剛以
　　「加上説」論述中國古代史的發展，（《古史辨》自序）或受到富永仲基
　　「加上説」和內藤湖南「加上原理」的影響。（宮崎市定〈獨創的なシナ
　　學者內藤湖南博士〉，《宮崎市定全集》24，1994年2月，東京：岩波書店）。

⓳　內藤湖南〈日本國民の文化的素質〉，《日本文化史研究》（下），1987
　　年3月，東京：講談社學術文庫，《內藤湖南全集》第9卷，1997年7月，東
　　京：筑摩書房。

　　吉川幸次郎爲內藤湖南、狩野直喜之後，京都學派中國學的代表學者之一。其在《支那學》發表的〈日本の中國文學研究〉[20]是繼承內藤湖南、狩野直喜通向世界學術之學風的著作。吉川幸次郎首先整理明治時代到昭和初期，日本有關中國文學研究的論著，探究日本於中國文學研究的歷史發展，進而指出近年研究的偏差與將來研究發展的課題。其以爲以返本開新的歷史觀點，對戲曲、俗文學等新領域，從本質內涵上進行精密的研究，則必有著實新穎的成果。吉川幸次郎的論述，乃有袂別明治時期的漢學研究，超越中國本土的文學研究，躋身世界學術水準，確立日本近代中國學於世界中國界之地位的意義在焉。

　　日本近代以來既繼承包含中國文化在內的日本傳統文化，又融合西洋文化而形成日本近代文化。十九世紀以後，日本的近代文化不但傳入中國，也影響其周邊的國家，引發亞洲各國東洋文化的衝擊，形成東洋化的風潮。就東亞文化傳播的發展徑路而言，這是由周邊向中心逆向傳播的現象。回顧東亞文化傳播發展的歷史，東亞是一個文化共同體，再審視現代東亞各國的文化現象，融通中心所在的中國文化與周邊位置的日本近代文化而形成東亞現代新文化，或爲當今東亞文化的理想形態。

四、東亞的文化形態

　　東亞雖然包含數個國家和地區，然就文化形態而言，則是以相

---

[20]　收入《吉川幸次郎全集》第17卷，東京：筑摩書房，1969年3月。

同基底而形成的共同體。既是共同體，則必須有共通的文化認同意識來維繫其存在。換句話說，東亞的國家和地區，雖然以其自身的傳統思想文化而展開，形成其獨自的文化形態，但是探究其基底，則是儒家和佛教的思想文化。而東亞各國的佛教並不是印度佛教，是融合中國思想文化而開展的佛教。因此東亞的文化就可以說是儒家文化，東亞的文化形態即以儒家思想爲普遍性價值觀而形成的文化。

　　眾所周知的，儒家思想是中國傳統思想文化之普遍性價值觀的所在。唐宋以來，中國文化東傳日本，儒家思想根植於日本社會各階層，而「愛物」以產生的惜物保有的精神則中國所闕如。在探究東亞思想形態的問題時，會通儒家「安仁」與道家「安順」之極致發用的「和諧」❹及日本惜物而保有的精神，或爲圓滿具足而有「普遍性價值觀」的東亞文化形態。因爲由於「和諧」的體得珍惜而長久保有，才能構築協調性的社會組織。《論語・學而》說：「禮之用和爲貴」，禮的作用在於調和的追求，即秩序整然而且諧調的社會才是理想的社會。《孟子・梁惠王下》說：「君子不以其所以養人者害人」，「所以養人者」是指生養眾生的土地，爲了食糧或財產的取得而殘害百姓是君子所不爲的。土地再貴重，也是生養大眾的大地，爲了爭奪土地而犧牲人命是本末倒置的行爲。換句話說，「和」的究極意義不但是以調和的精神孕育出的共同社會之結合意

❹　余英時先生說：「維繫自然關係的中心價值則是『均』『安』『和』。……均衡與和諧都是獲致的，而是必須克服重重矛盾與衝突才能到達的境界。」（《從價值系統看中國文化的現代意義》，台北：時報文化出版公司，1984年3月。）可知「和」是中國文化價值的中心所在。

識的倫理思想，同時也是泯除彼我的差別，進而產生人與自然共生的和諧思想。

　　東亞各國的文化雖然是以儒家思想爲主體而形成的；但是依然有其獨自開展而成的所在。在自身歷史文化的發展過程中，由於與鄰接國家的交錯，終不免會發生文化的衝突。雖然如此，杭庭頓說：今日世界應有阻止文化、文明間衝突的必要性之認識，進而呼籲「文明化對話」以探索減少文化、文明差異之道，增進文化、文明的共通融合性的互動，是世界平和的重要課題。㉒若然，以「和」而開展出來的人與人共生、人與自然共存的思想則是東亞地區的共同意識。

結　語

　　日本儒學的特質在於庶民化、文物保存的精神與禮文制度化，㉓即使明治維新全盤西化的時代，尚能維繫其傳統文化的精髓。此西洋科技與東洋文化兼容並蓄的文化傳統持續至戰前。戰後日本雖依然遵行其禮文制度；其立禮的涵義卻逐漸爲人所淡忘。經濟優先、科技第一而文化其次的結果，即使政府提倡教育改革，依然無法挽回人文教養日趨微薄的事實。至於當代研究中國學的學者或許是維持江戶時代古義學派政教分離而專事學問的傳統，也或許是不屑明治期東京部分學者依附政府，致使學術淪爲政治的附庸的學問形

㉒　杭庭頓（Huntington）《THE CLASH OF CIVILIZATIONS AND THE REMAKING OF THE WORLD　ORDER》的日譯本《文明の衝突》，鈴木主税譯，東京：集英社，1998年8月。

㉓　辻達也《江戶時代を考える》，頁179-181，東京：中公新書，1990年9月。

態，❷甚少以社會關懷和社會教化的實踐爲其職志的。金谷治先生強調對現代有強烈的關心是中國學者共同的傾向，這是中國人的傳統，也是中國思想的特色。❷此一論述正可以透露出日本中國學者對現代社會漠然無關的消息。

　　戰後的台灣維繫了中國傳統文化，特別是1975年以來，台灣的新儒家更開展了儒學的進路。相對於中國大陸和臨國的日本而言，知識分子關懷時代，而且能提出具有文化慧命的理論架構是台灣新儒學的特質。就今日的時代趨勢而言，以台灣鄉土文化建立的人文心靈和文化理想的新儒學爲原點，恢宏儒家以「和」爲主體的「普遍價值觀」，構築共生共存的倫理，則是東亞社會的終極理想。

---

❷ 坂出祥伸〈中國哲學研究の回顧と展望──通史を中心として〉，《東西シノロジ──事情》，東京：東方書店，1994年4月。

❷ 金谷治先生〈中國の傳統思想と現代〉，《中國思想を考える》，東京：中公新書，1993年3月。

中心向周邊傳播：

日本考證學家的考證方法

關鍵詞　影響性的研究　加上説　縱向相承　橫向連屬

前　言

安井小太郎説：至江戶時代爲止，日本的學問始終是中國學術
的模倣。如日本首先傳授朱子學，是在南北朝（1336-1392）的初期。
此距離朱子的時代大約有一百五、六十年。又伊藤仁齋或荻生徂徠
的學問大抵類似於中國明朝中葉學者的學問。明朝中葉與伊藤仁
齋、荻生徂徠的時代亦有一百三、四十年至六、七十年的差距。對
於中國學問傳播到日本的情形，內藤湖南用氣象的自然現象來解
釋。內藤湖南説：思想的流傳猶如天候的變化，於中國形成的學術
思想，於一百五、六十年後，才傳入日本。❶淸朝考證學之影響日本

---

❶　伊藤仁齋或荻生徂徠的學問大抵類似於中國明朝中葉學者的學問，以氣象
　　學的觀點解釋中國學術對日本影響的情形，是採取內藤湖南的説法。內藤
　　之説見於所著的〈履軒學問の影響〉，《先哲の學問》，頁138-154，東京：
　　筑摩書房，1987年。安井小太郎之説，則見於所著〈（島田）篁村遺稿序〉，
　　《篁村遺稿》。

江戶時代的考證學派的情形亦然。金谷治以為日本江戶時代的考證
學成立於大田錦城（1765-1825），而大田錦城於中國經傳的考證辨
偽，頗援引清人的著述，尤以毛奇齡（1623-1716）、朱彝尊（1629-1709）
的為最。❷

　　一般而言日本江戶時代（1603-1867）的學問是以朱子學為主流，
江戶二百五、六十年間也有不少朱子學者登場，如林羅山、山崎闇
齋、貝原益軒即是；雖然如此，促使江戶時代學術產生變化的卻是
以古學派和考證學派的學者為主。古學派的學者以為林家朱子學獨
尊宋學，未能把握孔門思想的真義，乃主張以古義和古文辭解釋儒
家的經傳，發揮聖賢著書立說的本義。考證學派的學者則博采通說
以考校經傳子史的字義，辨明篇章的真偽，樹立了日本近世漢學以
訓詁考證為宗尚的學術傳統。

　　江戶時代的學者善長於在既有學說、既有成果上，皓首窮研精
益求精，以提出突破前人論述的新說；卻不善於建立邏輯論理的研
究方法。雖然如此，江戶中葉以來亦有不少學者除了留意於精確地
訓解中國古典的辭義以外，也嘗試地提出糾謬辨誤的方法和原則。
茲就內藤湖南所說的「影響性的研究」❸，不拘泥既有學術流派的分
類歸屬，以辨章學術考竟源流為宗旨，考察日本近世以來伊藤仁齋、

---

❷　〈日本考證學派の成立〉，《江戶後期の比較文化研究》，頁38-88，東京：
　　ペリカン社，1990年1月。

❸　內藤湖南〈履軒學問の影響〉，《先哲の學問》，頁138-154，筑摩叢書316，
　　東京：筑摩書房，1987年9月。內藤湖南以為中井履軒（1732-1817）於日本
　　江戶時代的學術地位猶如顧炎武（1613-1681）於清朝考證學的地位。中井
　　履軒以古音、古文字研究經學，其後的古音、古文字研究逐漸發達。

龜井昭陽、太田全齋、安井息軒、內藤湖南、町田三郎等考證學家
在考證辨僞上的主張。

一、伊藤仁齋

　　伊藤仁齋（1627-1705）爲江戶時代京都之儒者。三十五歲以前
潛心於朱子學的研究，其後對朱子學抱持懷疑的態度，主張回歸孔
子、孟子的本義，以探究聖人的真髓，而提倡古義學。《論語古義
十卷》、《孟子古義七卷》、《語孟字義二卷》、《童子問三卷》
爲其代表作。仁齋自稱《論語古義》與《孟子古義》是其主要著作，
而《語孟字義》是其附錄。

　　伊藤仁齋以《論語》爲「最上至極宇宙第一書」（《論語古義·
總論》），以《孟子》爲「萬世啓孔門之關鑰」（《孟子古義·總論》）。
其對於《論語》、《孟子》的理解不以程朱所代表的宋學來理解聖
人的思想，而以得孔子真傳的《孟子》來演繹《論語》的意義，進
而建立自身的詮釋系統，提出「古義學」的主張❹。伊藤仁齋「古義
學」的特色則在探究《論語》與《孟子》之重要詞彙的本義，以之
闡述孔孟聖賢思想的本旨。至於其對中國經傳的考證辨僞，則是開
啓江戶時代研究經學而重視原典之辨僞與篇章考證的先聲❺。伊藤仁

---

❹　有關伊藤仁齋《論語古義》的義理，參拙著〈日本經學的系譜〉，《明代
　　經學國際研討會論文集》，頁597-608，台北：中央研究院中國文哲研究所，
　　1996年6月。

❺　貝塚茂樹說：如果說顧炎武、閻若璩等大儒是中國近代學術啓蒙思想運動
　　的先驅，則伊藤仁齋是日本近代學術啓蒙思想運動的先驅。貝塚茂樹之說，

齋對於儒家經傳進行考證，而提出《古文尚書》、《論語》、《孟子》的成書問題、《大學》非孔氏遺書説、《中庸》的章節爲《樂經》錯簡等主張。伊藤仁齋説：

> 六經莫古於書，而散亡偽撰，又莫甚於書。……尚書有今文古文之別。今文二十九篇，出於秦博士伏勝之口授，寫以漢世文字，故名今文尚書。古文五十八篇，武帝時，魯恭王壞孔子宅，得竹簡書，皆科斗文字，故號古文尚書。……（古文尚書）歷四百餘年，東晉以來稍行於世，至隋開皇中始全，故今文古文並行。然朱子吳臨川梅鷟之徒，皆疑古文之非真。其言鑿鑿有據。凡古人作一篇文字，必有起結。若堯典其終只曰釐降二女於溈汭嬪于虞。帝曰欽哉。此豈足結一篇之終乎。且孟子引舜典而稱堯典，則古二篇合而為一篇明矣。……唐虞三代之間，其議論皆在於修政知人之間，而未嘗有心性之論。古文尚書多説心説性，最非唐虞三代之口氣。（《語孟字義》下）

《古文尚書》出於漢武帝之時，至隋開皇中始成。宋代已有後人僞作的懷疑。伊藤仁齋以爲《古文尚書》的篇章多言心性，非唐虞三代之舊，且篇章的分合，如堯典與舜典等，頗有問題。故《古文尚書》的成書年代不能早於先秦。

關於《論語》一書的考證，伊藤仁齋指出：

見於所著〈日本儒教の創始者〉，日本の名著３３《伊藤仁齋》，頁7-33，東京：中央公論社，1983年11月。

論語二十篇相傳分上下，猶後世所謂正續集之類乎。蓋編論
語者，先錄前十篇，自相傳習，而又次後十篇，以補所遺者。
故今合爲二十篇云。何以言之。蓋觀鄉黨一篇，要當在第二
十篇，而今嵌在中間，則知前十篇既自爲成書。且詳其書，
若曾點言志、子路問正名、季氏伐顓臾諸章，一段甚長。及
六言六蔽、君子有九思三戒、益者三友、損者三友等語，皆
前十篇所無者。其議論體製亦自不與前相似。故知後十篇乃
補前所遺者也。（《論語古義・總論》）

以〈鄉黨〉篇的內容異於《論語》的其他諸篇，宜置於全書的末尾，
今本《論語》排列於第十篇，可知《論語》經過兩次的編輯，以〈鄉
黨〉篇爲分界，包含〈鄉黨〉篇在內的前十篇爲第一次的編輯，後
十篇則猶如補遺的形式，是補充前十篇之不足而編輯完成的。再者，
從文章體例而言，前十篇大抵爲語錄問答式的文體，而後十篇則有
如「曾點言志」、「子路問正名」、「季氏伐顓臾」等長編議論的
文章。又是《論語》一書可分爲前後各十篇的根據所在。至於《孟
子》的成書問題，伊藤仁齋指出：

孟子之書或以爲孟子自著，或以爲門人之所撰。今詳其書，
體製各殊，旨歸又別，似不出於一手。蓋梁惠王滕文公二篇
是一體，離婁盡心二篇是一體，公孫丑萬章告子三篇各是一
體。竊疑公孫丑萬章二篇，是公孫丑萬章之所記，而其他諸
篇或雜以孟子之筆歟，姑記此以來哲。（《語孟字義》上）

關於《孟子》成書的問題，或以爲是孟子自己所作，或以爲雜有門

人的記錄。但是伊藤仁齋以爲《孟子》一書宜分爲〈梁惠王〉〈滕文公〉二篇,〈離婁〉〈盡心〉二篇,〈公孫丑〉〈萬章〉〈告子〉三篇等三個部分。至於此三個部分又可分爲兩類。伊藤仁齋説:

> 此書前三篇備記孟子事業出處。至於離婁始有議論。故今定以前三篇為上孟,後四篇為下孟。蓋古人之學以經世為務,而修身以為之本,明道以為之先,皆所以歸夫經世也。故孟子之書者,當於前三篇觀其歸趣,而於後四篇知其所本也。(同上)

〈梁惠王〉、〈滕文公〉、〈離婁〉三篇記述孟子的出處行誼,〈盡心〉、〈公孫丑〉、〈萬章〉、〈告子〉等四篇則頗多議論。因此一如《論語》,《孟子》也可分爲上、下。而且上孟明經世之用,下孟知修身明道之本。旨趣各有不同。

有關《大學》一書非孔門經典的辨證,伊藤仁齋説:

> 大學一書本在戴記之中,不詳撰人姓名,蓋齊魯諸儒熟詩書二經,而未知孔孟之血脈者所撰也。……至乎其列八條目,及其所説學問之法,則不能無疑。……程子以此(八條目)為古人為學之次第。然而愚謂孔孟言為學之條目者固多,未聞以此八事相列若此其密。語曰子以四教,文行忠信。明夫子教人之條目,在此四者,而無他法也。
>
> 又曰知者不惑,仁者不憂,智者不懼。明此三者天下之達德,而進學之敘,無出於此者也。(《語孟字義·附大學非孔氏之遺書辨》)

《大學》一書的作者不詳，其所列「格致誠正修齊治平」的八條目，既不是如程子所理解的，以此八目爲古人進學的次第，更不是孔門教育的綱目。伊藤仁齋接著又列舉「孔孟未嘗言明明德」、「誠字當施之於身而不可施之於意」、「生財有大道非孔氏之徒之言」等十證以說明《大學》非孔門的經典。（同上）

關於《中庸》首章的文字爲《樂經》的錯簡，伊藤仁齋考證説：

> 首章自喜怒哀樂，至萬物育焉四十七字，本非中庸本文，蓋古樂經之脱簡。誤入于中庸書中耳。何以言之。其説非止叛六經語孟，推之一書之中，亦自相矛盾。第宋明諸儒多以禪附儒，而不察其合于孔孟之旨與否，所以不知其言之叛孔孟。今發十證而明之，學者審諸。曰以其叛六經語孟者言之，如未發已發之説，六經以來，群聖人之書皆無之。一也。孟子受業於子思門人，當祖述其言，而又不言。二也。如中字，虞廷及三代之書，皆以已發言之，而此處獨以未發言之。三也。典謨所謂中字，皆説發而中節之地，而此反以和名之。四也。若以未發之中為言，則六經論孟皆有用無體之書。五也。以其一書之中自相矛盾者言之，此書本以中庸為篇，當專論中庸之義，而首論中和之理。六也。中字後章屢出，皆以已發言之，而不有一以未發言者。七也。且若和字，子思當屢言之，而終篇又無復及之者。八也。此以喜怒哀樂，發中節，為天下之達道，而後以君臣父子夫婦昆弟朋友之交為天下之道。九也。此以大本達道併稱，而後單言天下之大本，偏而不備。十也。此十證者皆據中庸本文及六經論孟而言之，

　　　　非予臆説。且喜怒哀樂四字及以中和連言者，獨見於樂記，
　　　　蓋贊禮樂之德云然。故曰古樂經之脱簡。先儒不察，遂以未
　　　　發之中為道學之根本準則。到今為千古學問之深害，不容於
　　　　不辨。（《中庸發揮·總論》）

列舉十證以説明《中庸》首章的四十七文字並非《中庸》的正文，
乃是《樂經》的文字而後人誤入者。其主要論證乃舉出《中庸》首
章的重要文字，不是《六經》《論語》《孟子》所無，如「未發已
發之説」。就是此中論説頗多自相矛盾者，如「中」字，唐堯三代
之書皆解作「已發」，而《中庸》首章却作「未發」解，其後數章
却又解作「已發」。至於爲何説此處的文字，當爲《樂經》的脱簡，
伊藤仁齋以爲「喜怒哀樂四字及以中和連言者，獨見於樂記」的緣
故。

　　此伊藤仁齋對於《尚書》、《論語》、《孟子》、《大學》、
《中庸》等儒家文獻考證的情形。至於其考證辨僞的方法則有以經
書用字之例論斷《古文尚書》爲僞，《大學》非孔門經典，《中庸》
首章四十七字爲《樂經》的錯簡。又以篇章體例分《論語》爲上下；
以內容旨趣分《孟子》爲上下。在《論語》、《孟子》的考證文字
中，伊藤仁齋寓含著正編與補遺，本末前後關係的微義。又由於其
主張以《孟子》解釋《論語》，其所著《論語古義》、《孟子古義》、
《語孟字義》，或許有「經、傳、注」的寓義。

　　伊藤仁齋的長子東涯對於《周禮》的考證，以《周禮》非周公
之所作，五子蘭嵎對於《老子》的考證，以《老子》爲僞書，老子

本無其人，其名乃莊子所創者。❻

　　綜上所論，伊藤仁齋一門的「古義學」的意義在於文獻的考證，換句話說，仁齋古義學的精彩在於正確地考校經典的真偽，掌握經典的本義，進而發揮聖賢立說的義理。

二、龜井昭陽

　　龜井昭陽（1773-1836）雖偏處西隅，卻是日本江戶時代的經學大家。著有《周易僭考》、《毛詩考》、《尚書考》、《孝經考》、《禮記抄說》、《左傳纘考》等書。楠本碩水（1832-1916）以爲龜井昭陽的學問遠出伊藤仁齋、荻生徂徠之上。西村天囚（1865-1924）更推崇龜井昭陽是江戶時代研究經學的第一人❼。就經書的考證方法而言，町田三郎先生以爲龜井昭陽體現了日本獨創性學術研究的所在。町田三郎先生以《尚書考》爲例而作以下的分析：

> 《尚書考》的最大的特徵是，除了字句的考校訓詁外；又留
> 意各篇章節段落的分析。即以結構性的分析，精細地探究論
> 旨，文體及首尾照應關係，進而明確地指出錯簡誤謬的所在。
> 此一手法的典型，是昭陽對於〈康誥〉篇的分析。

---

❻　伊藤東涯對於《周禮》的考證，見於《古今學變》，伊藤蘭嵎對於《老子》的考證，見於《紹衣稿・題老子卷首》。

❼　楠本碩水之說，見於所著〈隨得錄〉四，《碩水先生遺書》卷十一。西村天囚盛稱龜井昭陽爲經學巨擘之說，見所著《異彩ある學者》，連載於1907年10月到1908年2月的大阪朝日新聞。

康誥十三章，……首章，卒章並稱「王若曰」，「汝念哉」在
二章及十二章，「敬哉」在三章及十一章。如圖示：

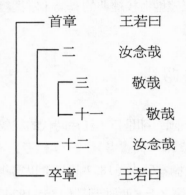

```
┌── 首章        王若曰
│ ┌── 二         汝念哉
│ │  ┌── 三        敬哉
│ │  └── 十一       敬哉
│ └── 十二        汝念哉
└── 卒章        王若曰
```

　　從〈康誥〉篇的結構分析看來，在形式和內容上，並不包含篇
首「惟三月哉生魄」至「乃洪大誥治」的四十八字。昭陽以爲此文
宜移至〈洛誥〉篇的篇首。其在〈洛誥〉篇「周公拜首稽首曰」條
下曰，「此篇不宜突起如是，康誥四十八字，必當在此上。」……
此〈洛誥〉錯簡說，蔡沈以來既已提出，並非昭陽新說，而且是否
確實如此，亦有待考察。不過，昭陽從〈康誥〉、〈洛誥〉兩篇的
結構分析，而提出錯簡的原來歸屬，確實是頗有用心。就此結構分
析的方法而言，昭陽或脫胎於朱子章句《大學》、《中庸》的手法；
但是，昭陽徹底地分析《尚書》各篇的章節段落，並以圖表示文章
主旨的前後關係，確實是值得稱揚的。❽

---

❽　町田三郎先生敘述龜井昭陽的經學成就之說，見所撰〈『漢學』二題〉，
　《地域における國際化の歷史的展開に關する總合研究——九州地域に於
　ける——》，九州大學科學研究費報告書，1989年2月。

　　龜井昭陽何以有建立考據方法的構想，乃以中國人於經學研究的成果，即經傳的訓詁考證爲基礎，更進一步地從事素材的分析，由章節段落的結構，釐淸前後歸屬關係，進而指出衍誤的所在。換句話說，具體地訓解文義與考訂脫衍，是中國本土學問的長處，然則建立抽象的考據方法的規則，此或爲龜井昭陽經學研究之以考證爲根本而有成就的原因所在，這也是日本漢學者所執著的學問意識之所在。

三、太田全齋

　　太田全齋（1758-1829）爲福山藩的下級武士，收入極爲微薄。所著《韓非子翼毳》是在妻小協力之下，才得以完成的。其於序文敍述《韓非子翼毳》出版付梓的由來：

> 余爲韓非子解，研精十餘年矣，未脫稿也。……今茲購得活版，刷二十部。未定之述，宜緘篋笥，特懼一曙離于池魚，而無副本修舊業也。因刷以自備，豈公諸世哉。

雖然太田全齋的《韓非子翼毳》並非完稿本。但是，積十餘年的工夫，上自先秦諸子，下至淸朝的類書，無不涉獵。並且以之爲注釋的基本，而後適宜地加以己見，誠爲考證學的代表作。例如〈外儲說右下〉篇「景公與晏子游於小海」章的「謳乎其己乎苞乎其往歸田成子乎」的字句宜改爲「謳乎采芑乎其往歸田成子乎」。

　　《韓非子翼毳》以爲《史記》田敬仲完世家有「謳乎采芑，歸乎田成子」之文，「謳乎」、「嗚呼」同爲吟詠之辭。《左氏傳》

的「民人痛疾，而或燠休」的「燠」，杜預雖解爲「痛念」，而音
讀爲「嫗」，亦可解爲「謳歌」。《史記》正解爲「謳歌陳成子」。
「其己」二字爲衍字。至於「乎苢」改爲「釆苢」者，《爾雅》郭
注解釋爲「白粱粟」，即苦菜。《詩經》亦有「薄言釆苢」的文句。
「其往歸乎」與「蓋歸乎來」的意義相同，即勸誘之辭。因此，「謳
乎其己乎苢乎其往歸田成子乎」以改爲「謳乎釆苢乎其往歸田成子
乎」爲是。由於太田全齋傾全力於《韓非子》的字句訓詁，故服部
宇之吉於《漢文大系》卷八《韓非子翼毳》的解題曰：「鑽研十餘
年而成者。上自先秦諸子，下至清朝類書，廣泛涉獵以資參考。……
於此書之所得，豈啻理解韓非子之學説文章而已哉。予所以取本書
而編入漢文大系者，亦在此也。」

　　《韓非子翼毳》除了一字一句的精詳考證以外，也從文章內容
上，考察各篇章的共通點，以作爲篇章重新整合的論證依據。換句
話説，《韓非子翼毳》的著作要旨，並不限定於文字的考證，也對
《韓非子》全書作全面性的解釋。

　　關於《韓非子》五十五篇的著作年代，古來議論極多，特別是
前二篇和後五篇。《韓非子翼毳》以爲卷首的〈初見秦〉、〈存韓〉
二篇非韓非所作，宜歸屬爲附錄。故《韓非子》全書爲五十三篇。
其以爲〈初見秦〉以收韓亡韓爲言者，不一而足，乃縱橫家之所言，
後人竄入韓子者。又關於〈存韓〉，則以爲「此亦非之所爲，故多
附會後事，擬取他辭。且李斯之書何益於非而收之耶」。至於卷末
〈忠孝〉、〈人主〉、〈飭令〉、〈心度〉四篇，除了〈心度〉以
外，〈忠孝〉篇「非韓子之筆也，後人之羼入耳」，〈人主〉篇「亦
後人之增耳」，〈飭令〉篇「亦後人之附益耳」。

有關《韓非子》的考證，《韓非子翼毳》將首尾諸篇與其他篇章區別開來，針對真正屬於韓非所作的《韓非子》進行篇章整合考證的探究。《韓非子翼毳》在〈難一〉篇的注指出：

> 難者時人或難古人行事，韓子為解之也。其義猶難勢篇之解答難慎子道勢也，然唯第四篇，每章有解客難論而前三篇無解論者。

即以為〈難四〉篇的前三篇和第四篇的內容性質不同。茲探究〈難〉篇的文章，則前三篇是先有前提性敘述的寓言，而後以「或曰……」的文字，論難此前提。第四篇也先有前提性敘述的寓言，不過其後則有兩段「或曰……」的文字，前者論難前提性的寓言，後者則再起議論，批駁此論難。由於〈難〉篇的第四篇的文章形式與〈難勢〉篇相似，故太田全齋以為〈難〉篇的第四篇和〈難勢〉篇是相接續，而主張「此篇及難勢篇先說或說而後更辯之，與上三篇異例。」由此可知，《韓非子翼毳》的注釋主旨除字句的考證外，還兼及篇章的整合。❾

四、安井息軒

安井息軒生於寬政己未十一年（1799），死於明治丙子九年（1876）。換句話說，安井息軒的一生適值德川幕府末期至維新明

---

❾　參町田三郎先生所著〈二三の《韓非子》注について〉，九州大學川勝賢亮科研報告書，1992年2月。

治之近代日本動亂期的時候。而安井息軒的學問與其儒家經世的胸懷，則是代表幕末維新之際的碩學耆儒。安井息軒的學問特色是唯善是從而無學派門戶的偏見，即安井息軒於中國經傳諸子史書的注釋時，無論是中土的漢唐注疏或宋明新注或清朝考證學，抑或本邦林家朱子學或伊藤仁齋、荻生徂徠的古學，凡是合於經典原義的皆擇而取之，以爲考證訓詁的根據。換句話說，安井息軒所尊崇的是實證主義的學問。所著《書說摘要》、《毛詩輯疏》、《論語集說》、《孟子定本》、《左傳輯釋》、《戰國策補正》、《管子纂詁》等儒教經典和諸子史書的注釋，足爲後世學者參究。

　　《論語集說》一書並舉古注，則魏晉何晏集解、皇侃義疏等及朱子集註，又兼收清朝考據的考證與伊藤仁齋、荻生徂徠等江戶儒者的注釋，更旁徵經傳諸子史書的典故，以爲自身見解的根據而補充諸說的不足與脫誤。由於旁徵博引與適切的取捨，精當的見解，不但有最高的評價，也廣爲流傳。明治四十二年（1909），服部宇之吉監修叢書《漢文大系》（富山房出版）時，將儒家中心經典的《四書》列爲第一卷。有關《四書》的注解，則收錄安井息軒的《論語集說》、《孟子定本》、《大學說》、《中庸說》等論著。對於安井息軒的學問，服部宇之吉作如下的敘述。

　　　　先生篤信好古，尤用力於漢唐注疏，參以眾說，闡先儒未發
　　　　之微者不少。……先生於四書亦本古注而兼取朱說。於清人
　　　　考證之說等亦擇善而取之。……先生執公而好不阿，能取古
　　　　今之長而捨其短，考據最力論斷最慎。

意謂安井息軒所貫徹的是無論古注或新注，唯善是取之公正持平的

學問性格。又由於參採清朝考據學客觀實證的學問態度與江戶古學，即伊藤仁齋與荻生徂徠探究聖人述作真義的精神，因此，考證極其精審，而且論斷也甚爲嚴謹。安井息軒之所以抱持此一學問精神，固然與其自身重視實證主義而正確地掌握經典原義之學術教養有極深的關連。

有關《論語》一書編輯的情形，安井息軒在「子張問，十世可知也（為政篇）」一章案語中，指出「編輯者又字而不名，則孔子未嘗以宰我之問爲愚也」的文字。意謂《論語》的編輯者，亦有模倣《春秋》微言大義的所在。至於《論語》一書的編輯旨趣爲何，安井息軒説：

> 詳味孔注，讀自為自己之自，言奉持禮節，自行束脩以上之人，則皆教誨之，聖人善誘，能盡人之才，然人不自脩，則無受教之地，誨之不但無益，反受煩黷之謗，故不誨也。意正與鄭注同，憤悱自屬之甚，比束脩有加焉。故總輯者以下章次之，其意可見矣。（述而篇「子曰，自行束脩以上者，吾未嘗無誨焉」章的案語）

即以爲《論語》一書的篇章次第有前後連屬的關係，這是《論語》編輯者的旨趣所在。諸如此類的論述隨處可見❿，如：

> 凡一部論語，次篇第章，皆有微意，學者詳之。（述而篇「子曰述而不作，信而好古，竊比我於老彭」章的案語）

---

❿ 參町田三郎先生所著〈安井息軒《論語集説》について〉，東方學會創立五十周年記念《東方學論集》，頁1079-1092，1997年3月。

> 舜禹有天下而不與，以堯功德如此，故以此章次前章。乃編
> 輯者之微意也。（泰伯篇「子曰大哉，堯之爲君也」章的案語）

> 置此章於此篇之終者，孔子至於是邦，必聞其政。是當時之
> 君非不思之，而終不能用之，與此章之意實相類，故次之上
> 章，以明孔子不能降二帝三王之澤者，因世主無深思而用之
> 者，以終此篇。與鄉黨篇末載山梁雌雉章同，乃編輯者之微
> 意也。（子罕篇「唐棣之華，偏其反而，豈不爾思，室是遠而」章的
> 案語）

> 孔子處亂世，終身遑遑，不暇寧居，雉之色舉翔集，有深契
> 於去就進退之意。故見之歎曰山梁雌雉，深得去就之時
> 哉。……編輯者知微意所在，因載之篇末，以終上論，遂與
> 開卷人不知而不慍，不亦君子乎相應，其旨深矣。（鄉黨篇「色
> 斯舉矣，翔而後集」章的案語）

蓋安井息軒以爲《論語》的編者有微意，而此微意即《論語》篇章
次第的依據所在。而其在〈鄉黨〉篇末的案語中，又值得注意的是
「以終上論」的文字。即安井息軒祖述伊藤仁齋與荻生徂徠的主張，
以爲《論語》一書可分別上論與下論。安井息軒更進一步地說：

> 以此篇次於子路，例與上論同。……物茂卿謂下論成於原思，
> 不知論語成於眾門人論定，篇次章第，有一定之法，無一人
> 記一篇之理，況於全記下論乎。（憲問篇解題）

即《論語》成於門人弟子之手，亦即意謂《論語》是孔門一派學問
的結晶。至於《論語》條理分明而有「一定之法」的旨趣，安井息

軒在〈堯曰〉篇的「孔子曰不知命，無以爲君子也」章，即《論語》
最後的一章的集疏中，引述荻生徂徠的「上論首學與知命，而下論
又以此終之，是編輯者之意也」注解，清楚地陳述《論語》全篇前
後連屬貫通的宗旨説：「以此章繼子張章，以終開卷人不知而不慍，
不亦君子乎之意，其義旨周備，圓轉無窮，實如車之輪。」

五、内藤湖南

　　内藤湖南（1866-1934）的著述以史學的研究居多，涉及的領域
則涵蓋了中國歷史、文化史、繪畫史等範疇。中國史學的研究乃綜
括上古以迄清代，特別是清史的論述，即開啓了清史研究的先聲。
東洋文化史與日本文化史的著作，則是「内藤獨斷史學」的產物。
至於中國目錄學與中國繪畫史的撰述則反映出京都特有環境所產生
的學問。敦煌學與甲骨金文的研究則是京都學派以清朝考證學爲基
礎而揚名於世界學術界的代表性學問。換句話説，内藤湖南的學問
是史學，至於其歷史研究，則不只是史料整理排比的「史纂」而已，
也不只是文獻參互搜討的「史考」而已；乃是以博學宏觀的識見，
終始以世界學術中的東洋學術的地位爲念而鑽研東洋的學術文化。
故小川環樹盛贊内藤湖南是「文化史學家」⓫，與狩野直喜並爲京都
學派的代表，可以説是近代日本支那學的雙璧。

⓫　内藤湖南的史學研究具有獨斷性的説法，是桑原武夫的見解。桑原之説見
　　於内藤湖南《日本文化史研究》解説，《日本文化史研究》下，頁174，東
　　京：講談社學術文庫，1976年11月。小川環樹的贊辭，見於其所著的《内
　　藤湖南》，頁41，東京：中央公論社，1984年9月。

　　內藤湖南以爲日本人並不擅長於邏輯式研究法的架構，但是富永仲基（1715-1746）卻是少數中的一位。富永仲基著有《出定後語》一書，論述佛教史學，其中最有名的是「加上説」。此書刊行於延享二年（1745），雖然是用漢文書寫的，卻極難理解。由於內藤湖南平易暢達的解説之後，富永仲基的「加上説」乃得以大白於世。內藤湖南説：富永仲基之所以受到吾人敬服的不是其研究結果，而是其所謂「加上説」的研究方法。《出定後語》的第一章是「教起前後」，旨在論述原始佛教的起源與發展。富永仲基以爲佛教是外道，乃從婆羅門教產生的。婆羅門教是以超越人間苦界而轉世昇天爲教義的宗教。天原本是唯一的，但是後起的宗派爲了超越原有的宗派，乃於舊有的天之上，加上一個天，如此天上有天，婆羅門教即有二十八個天。富永仲基稱此現象爲「加上」。超越婆羅門教的加上天，而提倡思想改革的是釋迦牟尼。釋迦牟尼不拘泥生死，主張超越生死以達到自由的境地。所謂原始佛教，即小乘佛教是以阿含經爲經典的。其後以般若經爲經典的宗派出現而自稱大乘以卑視小乘。其後以法華經爲宗尚的法華宗，提倡華嚴經的華嚴宗，以楞伽經爲經典的禪宗等佛教的宗派先後出現，而且自稱自身的宗派教義爲最高至上。這也是佛教宗派以「加上」的形式而發展的軌跡。換句話説，由單純素樸而複雜高遠，乃是思想發展的原則，即思想進化論。富永仲基則以此思想進化論反觀思想學派成立的歷史演進。即素樸的學術思想是原有存在的；高遠的思想則是晚出的。

　　內藤湖南應用富永仲基的「加上説」，客觀地把握學術思想發展的順序，架構中國古代思想的歷史。內藤湖南以爲中國人有尚古的傾向，時代越久遠就越優異。就諸子學派的形成而言，其所宗尚

的始祖越古遠，則其產生的時代就越晚。孔子以周公爲聖賢，墨家以夏禹爲聖王，孟子祖述堯舜，道家尊崇黄帝，農家以神農爲始祖。就中國的歷史而言，是神農→黄帝→堯→舜→禹→殷→周。就所尚越古則其説越晚的「加上説」而言，則中國思想學派的興起順序是孔子→墨家→孟子→道家→農家。因此內藤湖南説中國的學問興起於孔子，孔子所尊敬的是周公，即孔子以周公爲儒家學術道統的聖賢。墨家晚出於儒家，爲了表示自身的學説優於儒家，乃以早於周公的夏禹爲學派的始祖。其後孟子攻擊墨學爲異端，以禹傳位於子啓，不若堯舜禪讓傳賢之德，因而主張儒家的起源並非始於周公，乃可上溯至堯舜。道家晚出於孟子，爲超越孟子所尊崇的堯舜，乃稱自身的學術淵源黄帝。至於孔子師於老子的主張也是後出道家之徒的加上之説。至於以神農爲始祖的農家，則又更爲晚出了。內藤湖南亦用此理論考察中國經典的成書經緯，如其以《易經・繫辭》有「包犧神農」之説，就上古帝王序列而言，乃於《呂氏春秋・尊師》所述「神農、黄帝、顓頊、帝嚳、堯、舜」之上，加上「包犧」，又佐以〈繫辭〉「太極生兩儀」之説類似《呂氏春秋・大樂》的「本於太一，太一生兩儀」，「河圖洛書」之説類似《禮記・禮運》的「河出馬圖」等實際例證，論斷〈繫辭〉必晚於《呂氏春秋》，乃是漢初之作。又以儒家思想的發展，探究《尙書》編次的先後次第；以時代的思潮、文章的體例與經傳的用字例，考察《爾雅》各篇成立的時代。內藤湖南以爲孔子的政治理想在於周公禮樂制度的重建，故《尙書》最初成立的是有關周公記錄的五誥。換句話説，〈周書〉反映孔子及其門下以周公爲理想的寄託。其後魯承周統，宜立魯爲王，尊孔子爲素王，孔子繼承殷之血統，因而產生尊殷的思想，

故於〈周書〉之前編次有關殷商的諸篇。九流並起，對抗於墨家之尊夏禹，儒家乃祖述堯舜，故有〈堯典〉、〈舜典〉。至於記錄皋陶掌刑名的〈皋陶謨〉，乃法家名家興起以後之晚周思想，雖爲《尚書》的主要篇章，卻爲最晚出的部分。

內藤湖南以爲《爾雅》是解釋諸經的字書，其成書的經緯與經書形成的次序息息相關。唯《爾雅》十九篇的成立時代既有不同，各篇又有最初撰述，姑謂之爲原始經文的部分與後世附加增益的部分。其從思想的推移發展、經書的用字例與形成的次第，考察《爾雅》篇章形成的先後順序。如內藤湖南以爲〈釋詁〉是《爾雅》最古的一篇，〈釋詁〉以「初哉首基」爲始，與《尚書》成書較早的〈大誥〉、〈康誥〉、〈召誥〉、〈洛誥〉等篇相同，《春秋》則不以爲「初哉首基」爲始。《爾雅》爲解釋諸經的字書，若《春秋》既已存在，《爾雅》必敘述及之，故內藤湖南以爲〈釋詁〉的原始經文，即「初哉首基…始也」的撰述或先於《春秋》。唯就文章結構而言，〈釋詁〉宜以「初哉首基」爲始而以「求酋在卒就」爲終；但是今本《爾雅·釋詁》於「求酋在卒就終也」之後，尚有「崩薨無祿卒徂落殪死也」一句。內藤湖南以爲「徂落」與同篇「爰粤于那都繇於也」之「都」，同爲古語或方言的特意使用，而非當時通行的文字，而且「都」字乃引自〈皋陶謨〉，典謨諸篇晚出，故「徂落」亦後世增益而附加的。

內藤湖南又以爲〈釋言〉倣〈釋詁〉的體例而成的，故〈釋言〉的編成應晚於〈釋詁〉。〈釋言〉篇首有「齊殷中也」一句，〈釋地〉的「九府」舉八方物産，有「中有岱岳」的記述，即以岱岳爲中國的中央。又〈釋地〉的「四極」有「岠齊州以南」一詞，郭璞

注：「齊中也」，邢昺疏：「齊中也，中州猶言中國也。」以齊的
文化爲中國的中心，或爲天下士人聚於稷下之戰國時代的思想。至
於「殷中也」，則是以殷爲中央的思想，蓋與以孔子爲素王的思想
有關，「殷中也」的解釋，或起於孔子爲素王説的時代。何以此兩
種不同時代思想的詞會並存於一句之中，內藤湖南以爲先有「殷中
也」而後竄入「齊中也」。

　　根據上述方法的考證，內藤湖南以爲《爾雅》篇章形成的時代
爲：〈釋詁〉的原始經文部分成於孔門七十弟子的晚期的時代，或
距七十子不遠；其後又有戰國初期增益者。〈釋言〉成於以孔子爲
素王的時代，其後又附加有稷下學問盛行時的部分。〈釋訓〉有與
〈釋言〉同時期者，亦有漢初者。〈釋親〉至〈釋天〉各篇，則成
於公羊春秋發達、禮學盛行的荀子至漢后蒼高堂生的時代。〈釋地〉
至〈釋水〉各篇，成於戰國末至漢初之間。〈釋草〉至〈釋獸〉各
篇，或既已存在於解釋詩的時代，至於其形成，則在漢初。〈釋畜〉
則成於文景之際。❷

六、町田三郎

町田三郎（1932-　　）爲今日日本中國學界研究中國古代思想與

---

❷　「加上説」見於〈大阪の町人學者富永仲基〉，（《先哲の學問》，頁68-69，
　　筑摩叢書316，東京：筑摩書房，1987年9月。〈繫辭〉的論述，見於〈易
　　疑〉，見於《內藤湖南全集》第七卷，頁38-39，東京：筑摩書房，1970年2
　　月。有關《尚書》編次的論述，見於〈尚書稽疑〉（原題「尚書編次考」，
　　《內藤湖南全集》第七卷，頁19-23）。至於《爾雅》的考察，則見於〈爾
　　雅の新研究〉，《內藤湖南全集》第七卷，頁24-37。

日本漢學的大家❸。有關日本漢學的著作有《江戶の漢學者たち》與《明治の漢學者たち》，至於中國古代思想的專著，則有《秦漢思想史研究》與《孫子》、《呂氏春秋》、《韓非子》的解注等。在中國古典的研究中，值得重視的是詮釋系統與考證方法的提出。町田先生以爲：

> 〈十二紀〉是以時令為主，敘述當令的自然現象與人間世界的諸事象。其主旨在説明天道與人事相應之道。〈八覽〉〈六論〉的旨趣雖然未必如此明確；但是其文章結構卻值得注意。即〈有始覽〉諸篇的篇末都有「解在……」的文句，其他各〈覽〉〈論〉則有相應於「解在」的論述。如果〈有始覽〉諸篇的「解在……」是經，其他各〈覽〉〈論〉之相應於「解在」的論述則是傳。就文章結構而言，〈十二紀〉與〈八覽〉〈六論〉有所差異，其撰述的時期或非同時。❹

就「解在」的敘述而言，〈有始覽〉是經，〈孝行覽〉以下的〈覽〉〈論〉是緯，換句話説，就「解在」的文章結構而言，〈有始覽〉與其他各〈覽〉〈論〉有「經」與「解」的關係存在。再就文章形

---

❸　有關町田三郎先生的學問，參考拙文〈優遊於中國古代思想史與日本漢學二領域的町田三郎先生〉，《中國文哲研究通訊》第3卷第4期，頁51-62，1993年12月。

❹　關於《呂氏春秋》〈八覽〉〈六論〉的思想要旨與文章結構的問題，參町田三郎先生所撰《呂氏春秋》的解題（頁1-25，東京：講談社，1987年7月），譯文參見町田三郎著・連清吉譯《日本幕末以來之漢學家及其著述》的附錄〈呂氏春秋解説〉，頁227-241，台北：文史哲出版社，1992年3月。

式與思想旨趣而言，〈十二紀〉與〈八覽〉〈六論〉是大異其趣的，
因此其完成年代應該是不同的。町田三郎先生更進一步地指出《呂
氏春秋》一書是經過三次編輯才完成的。第一次是〈十二紀〉，在
秦八年完成的，第二次是〈八覽〉〈六論〉，在入蜀以後完成的，
今日紀、覽、論合輯的形式則是第三次的編輯。❺

關於《韓非子》的考證，町田三郎先生提出以下的論述：

> 《韓非子》五十五篇，就文章的形式而言，可分別為
> （甲）　〈初見秦〉第一——〈大體〉第二十九
> （乙）　〈內儲說上〉〈七術〉第三十——〈難四〉第三十九
> （丙）　〈難勢〉第四十——〈制分〉第五十五
> 三個部分。……（乙）為寓言體的論辨；（甲）和（丙）是
> 敘述性的議論文；（乙）的部分又由於文章結構的不同，即
> 〈內儲說上〉〈七術〉是經・解的形式，姑稱之為（乙１）；
> 〈難篇〉的四篇是疊床式的架構，姑稱之為（乙２）。再就
> 內容而言，（甲）與（乙１）是一般政治性訓誡的敘述；（乙
> ２）與（丙）則是法家思想的主張。綜合文章形式與內容旨
> 趣，《韓非子》的篇卷分合，可區分為（甲）、（乙１）、
> （乙２）、（丙）等四個類型。❻

---

❺　有關《呂氏春秋》成書的探討，參注❹所引的論述。至於「解在」的內容，
　　則參見拙文〈呂氏春秋有始覽的『解在』問題〉，《鵝湖月刊》第155號，
　　頁20-29，1988年5月。

❻　關於《韓非子》篇卷分合的問題，見於町田三郎先生所撰《韓非子・下》
　　的解題，頁607-623，東京：中央公論社，1992年12月。譯文參見前引的《日

町田先生參採太田全齋區分「難四篇的前三篇」和「難四篇第四篇與難勢篇」的論述，首先對《韓非子》全書進行文章體例的考察，以中心部分的〈內儲說上〉——〈難四〉的寓言體爲分界，前後皆爲敘述文體，故區分全書爲三個部分。接著再詳細分析全書篇章的文章結構與內容旨趣，則《韓非子》的文章結構有「經解」式的與疊床式的架構，至於內容旨趣則有一般性的政治訓誡與法家思想的一家之學的專門性論述。綜合以上的考察，町田三郎先生以爲《韓非子》的篇卷可分別爲四個部分。

　　對於《呂氏春秋》《韓非子》成書的解說，町田先生乃祖述伊藤仁齋、龜井昭陽、太田全齋、安井息軒等人從文章形式與思想內容等具體性考證方法進行考察，而作篇卷分合的論斷。至於九流十家之學術淵源的探討，則繼承富永仲基、內藤湖南二人邏輯性推理的抽象性考證，進行分析。町田先生嘗於授課中，作以下的講述：

　　　　先秦與秦漢諸子非一人之學而是一家之學。各個流派家學中
　　　　的諸子固然有先後，即縱的「學統」的關係，但是在思考彼
　　　　此思想的異同時，亦未嘗無所謂橫的聯屬關係。如說明老莊
　　　　異同時，原本有所謂「原始道家」的存在，《老子》與《莊
　　　　子》的纂述者則各有承受，故雖然同屬道家的老莊，也有《老
　　　　子》重在「自然之道」；而《莊子》則講「齊物論」而〈逍
　　　　遙遊〉的實存哲學之不同。又如馬王堆帛書《五十二病方》
　　　　的成書，與其說早於《黃帝內經》，不如說二書源於「原始
　　　　醫家」，而後輾轉相傳，形成北方系統的《黃帝內經》與南

本幕末以來之漢學家及其著述》的附錄〈韓非子寓言之一考察〉，頁243-252。

方系統的《五十二病方》。因此，九流十家的形成，或可用
《春秋》與《三傳》之經傳式的關係來説明。至於綜合性學
術的形成，雖然有著縱向相承的關係，但是橫向聯屬的色彩
就極其濃厚了。如戰國末期至漢代初期成書的《管子》、《呂
氏春秋》、《淮南子》即是兼採先秦諸子之長而成的百科全
書式的雜家之書。換句話説，此三書乃是學派間相互影響而
形成的新學派，其思想則是綜合性的。

諸子非一人之學而是一家之學，固然是學術界的定論，學派的形成，
卻未必只是縱式的傳承關係，同一淵源的橫向發展，是先秦諸子思
想的特色。學派間橫向性學術整合而形成綜合性學問，則是戰國以
後雜家式學派形成的動力。此一橫向發展而形成綜合性學問的理論
則是町田先生的別出新裁的主張。

結　語

反對宋儒性理之學，而主張探究《論語》與《孟子》之重要詞
彙的本義，以之闡述孔孟聖賢思想的本旨，固然是伊藤仁齋「古義
學」的特色；而文獻考證，即對中國的經傳進行訓解考校與辨偽，
則是伊藤仁齋父子學問的精彩所在。

伊藤仁齋與顧炎武、閻若璩等明末清初的大儒同時而稍晚，學
問性格皆以經典史書的考證爲根底。中國學問對日本的影響，就如
氣象學的現象一般，於中國沿海地區形成的氣壓，要一、二天之後
才會影響到日本列島的天氣。在交通不便，學術交流較爲保守的時

代，於中國形成的學問風潮，早則一、二百年才能傳到日本。

伊藤仁齋提倡以實證主義作爲學問基底的主張，可以説是與顧炎武、閻若璩等人不期而發的。所以貝塚茂樹説：如果説顧炎武、閻若璩等大儒是中國近代學術啓蒙思想運動的先驅，則伊藤仁齋是日本近代學術啓蒙思想運動的先驅❼。換句話説，伊藤仁齋的「古義學」乃以回歸孔孟真義爲主旨，其研究方法則是以探究《論語》、《孟子》的重要詞彙的意義作爲考證儒家經典的根據。此一學問研究的方法，確實是開啓了日本考證學的先聲。

龜井昭陽何以有建立考據方法的構想，乃以中國人研究成果爲基礎，更進一步地從事於素材的分析，由章節段落的結構，釐清前後歸屬關係，進而指出衍誤的所在。換句話説，具體地訓解文義與考訂脫衍，是中國本土學問的長處，然而建立抽象的考證方法的規則，對於中國經典進行篇章的整合，或爲龜井昭陽經學研究之所以有成就的原因所在。

太田全齋於《韓非子》的訓解，除了詳密地考證字句以外，還兼及篇章的分析與整合，提出〈難四〉篇的前三篇和第四篇的內容性質不同，前三篇是一個類型，而第四篇和〈難勢〉篇同屬一個類型。

安井息軒繼承伊藤仁齋、荻生徂徠之説，以爲《論語》一書可分別上論與下論，更進一步地提出以爲《論語》的編者有微意，詳知此微意，《論語》的篇章順序即可察知，而且《論語》全篇前後連屬貫通。再者《論語》乃成於門人弟子之手，是孔門學問的宗尙

---

❼　見注❺所引資料。

所在。

　　內藤湖南應用富永仲基「加上説」之抽象性考證方法，架構中國古代思想的歷史發展。內藤湖南亦用此理論考察中國經書形成的先後次第，如以上古帝王序列，《易經・繫辭》於《呂氏春秋・尊師》的記述，加上「包犧」，故〈繫辭〉的作成晚於《呂氏春秋》。以儒家思想的發展，探究《尚書》編次的先後次第；又根據時代思潮推移的理論，《爾雅》爲諸經字書的基本觀念，與文章體例、經傳用字例的實證，探究《爾雅》各篇成立的時代與經書發展的次第。

　　町田三郎先生集江戶時代以來考證學家之考證方法的大成，其於《呂氏春秋》、《韓非子》成書的解説，乃祖述伊藤仁齋、龜井昭陽、太田全齋、安井息軒等人從文章形式與思想內容等具體性考證方法進行考察，而作篇卷分合的論斷。至於九流十家之學術淵源的探討，則繼承富永仲基、內藤湖南二人邏輯性推理的抽象性考證，進行分析而提出諸子非一人之學而是一家之學，而學派的形成，則以同一淵源的橫向發展爲主的主張。換句話説，先秦以迄西漢學派的形成是以橫向發展爲動力，此一橫向發展而形成綜合性學問的理論則是町田先生綜合前人研究的結晶。

周邊地區的文化自覺：

日本幕末以來的文化攘夷論

關鍵詞 文化攘夷　鹽谷宕陰　安井息軒　岡本監輔　竹添光鴻
岡鹿門　《漢文大系》　《漢籍國字解全書》

前言、攘夷論的形成

　　十九世紀後半產業革命成功的美國，爲了和中國進行貿易，尋
求停泊港而企求與日本建立邦交。弘化3年（1846）派遣美國的東印
度艦隊司令官Biddle到日本交涉，遭到幕府的拒絕。嘉永6年（1853）
東印度艦隊司令官Pery帶領軍艦四艘停泊浦賀，提出總統的國書要求
開關建交。幕府屈服於其軍事壓力，不得已接受國書，請求Pery退去。
翌年的安政元年（1854）再度叩關，強烈地要求締結友好條約。幕
府在沒有對策的情況下，答應其要求，締結日美和親條約（又稱爲神
奈川條約）-⑴供給美國船隻的燃料和食料。⑵開放下田、箱館二港，
承認領事駐在。⑶美國享受最惠國待遇。其後英國、俄羅斯也要求
和日本締結同樣的條約。二百年的鎖國政策終於瓦解。安政五年

（1858）改訂日美修好通商條約。⑴開放神奈川、長崎、新潟、兵庫等港口。⑵設定開放港口的居留地，禁止一般外國人到日本國內的其他地方旅行。⑶自由通商貿易。⑷日本的關稅由雙方協定。⑸承認領事裁判權。日本完全喪失其自主權，因此，日美修好通商條約相當於不平等條約。其後荷蘭、法國、英國、俄羅斯也要求締結同樣的條約。

日本與外國的貿易，主要是輸入武器、艦船和毛綿織物而輸出生絲和茶。由於大量輸出的結果，輸品的生產力固然提高，相對地便宜的綿織物也大量輸入，對綿作和綿織物業產生極大的壓力。又由於日本和外國的金價差距懸殊，一時金貨往外國流出。伴隨著輸出的激增，帶來了國內消費物質的短缺，幣制的混亂，造成都市物價高昂，庶民的生活受到極大的壓迫。因此，日本國內對貿易產生極大的反感。再加上，與外國人發生衝突，終於引發攘夷運動。但是，在日本國內，以長州藩下級藩士為首的攘夷論和以薩摩藩為首的公武合體論產生政治鬥爭。英國、荷蘭、美國、法國四國聯合艦隊攻擊下關，大敗長州藩的軍隊。在此情況下，攘夷論便不能長久維持下去。再者，在幕府頹廢，封建制度批判論，公武合體論而延伸的革新論的高聲提倡下，薩摩藩和長州藩的革新派的連合，即所謂薩長連合的討幕倒幕軍事行動下，慶應三年（1867）幕府將軍德川慶喜上表大政奉還，結束二百六十多年的幕府統治，還政於天皇。

二、幕末知識階層之時代感受

在合理主義高張，對既成傳統的儒教權威產生疑問的聲中，幕

末知識階層所反省的問題有二，一爲長久以來，江戶幕府所存在的政教分離的問題；一爲西洋文明東漸以後，東方社會果真能接受西方文化而全盤西化。

德川幕府是以武士階級爲主的封建體制，知識階層的地位與俸祿並不高。即使幕府將軍立朱子學爲官學，其於儒學的接受，也有一定的限度。即江戶時代畢竟是武士統治爲主導的社會，並且沒有科舉制度，知識分子欲以學問而取得高官厚祿的可能性甚低。因此，自始即形成政教分離的現象。學問的研究，乃有純粹學術化的傾向。再加上寬政年間頒行「異學禁令」，不但官學與私學的分途明顯化；而且更形成學不問政的學術純化的風氣。

幕末漢學家鹽谷宕陰（1809-1867）於安政四年（1858）撰述《六藝論》，反省政教分離與學術純化的偏頗，提出政教合一、實學主義等主張。

《六藝論》共六篇。第一、二、四、六篇爲本論；三、五篇爲補遺。各篇的要旨爲：

六藝論（一）

> 古之教人者為容，其率之也以人。……何謂容，六藝是也。何謂人，古所謂師儒者。……自拜跪坐立出入飲食之節，至奉親事君承祭接賓之事，皆有儀文。道寓於器矣，習焉而悟其意。……後世則不然，造士之術，一以書籍，訓詁多歧，箋註紛淆，執而論之，一字之義，終日而未盡。……又師儒者，經師也，非人師也；藝人耳，非通儒也。……

所謂「容者六藝也」，即人所必須修得的學藝。具體的説，是以「禮樂射御書數」六藝培養知仁勇三德，以養成文武合一的人材。因此，學問的研究修得，並非單從書籍而得來的。由此可知，鹽谷宕陰所謂的六藝，並非一般所説的「易書詩禮樂春秋」的六經之「學」；而是日常實用的「禮樂射御書數」之「術」的體得。換而言之，此「六藝」是固有的學藝，即在遊於諸藝之中，配合人格修養的教育，教導生徒，使之術德兼修的學問之道。

六藝論（二）

禮樂以致「中和之德」的功用，經傳既已詳説；但是禮樂又蘊含有「武」之意，則為先儒所輕忽的。古代的士人，既耕且讀，體魄強健，足以參與鄉閭族黨的團練工作。因此，「濟濟之青衿，即起起之武夫也。雍雍之禮樂，即肅肅之節制也。」（六藝論二）然而，到了後世，文武殊途，「儒者不言兵」，尤其是唐宋以後，文武分歧所產生的弊端更甚。故鹽谷宕陰説：「士農分而兵弱，封建絕而國病，六藝廢而士乏文武材。……孰知其禍原於禮樂崩淪乎哉。」（同上）

六藝論（四）

昔時政教合一，學成即為政府錄用；今日則不然。因此，教育與行政分歧而淆亂，終於衍生「道藝達而身圖窮，賣業以餬口」的情形。故鹽谷宕陰以為政教分離政策誠非人材育成之道。再者，學塾的狀態亦極困窮。「今則師立私業，文武異轍。技殊家，家殊派，人多爭氣，相慢相猜。制子弟以婦人一從之義，或乃繁其科，難其

習，幸其成之晚，而利束脩之多。不然，則惰耳。……」面對如此困境，果真無匡濟之道否，鹽谷宕陰則以爲不然。宕陰曰：

> 世固有天縱之才，乘間氣而出者焉。使其人在其位耶，今之教師亦將在所用矣。

如果有天縱的英才爲世所用，則困窮的狀況將會改變。

六藝論（六）

　　如果問六藝的修得在先，或德行的修養在先的話，當然以道德的實踐爲優先。但是就道德修養與德行實踐的次第而言，則必須先從六藝的修得入手不可。如《論語》所謂「下學而上達」，即說明先能鄙事，然後領會高遠之道理的進程。然而時至今日，學校之所傳授者，無先後大小的區別，「師非孔曾，而以性、天道之說，喋喋焉之於兒童，人材之日降，不亦宜乎。」

六藝論（三）

> 漢之學，得四而失二。唐之學，得二而四。宋明之學，得一而失五。其所以遞降者，六朝之淫辭，宋之佛理，為之大厄也。而秦之變古不與焉。

鹽谷宕陰以爲漢承秦弊而起，雖禮樂淪喪；而文武合一之制，即射御書禮尚存。六朝僅文辭華麗，而衰世之文化瀰漫。唐承六朝之弊，唯朝野於政治之關心尚強，故禮樂與射御並失；而書數尚存。宋代「專一於讀書，而附之於佛理」，然「性命之說高而經綸之業疏，

誅心之論深而取材之術失」，故「天下終亡於議論矣」。明朝雖以宋之失爲戒；然於佛教與心性論之傳述，更甚於宋，故社會之風俗澆薄，信愛之心亦失。自此以後，「六藝之教，其終不可復乎」。

六藝論（五）

今學校教育之體制，西洋極爲完備。天文、土木、軍事、船艦等知識，雖然中國古代也存在著；今則興盛於西方彼邦。綜觀艾儒略《西學凡》之所述，西洋學校有大中小之制度存在。大學分醫學、政治、教育、哲學四科，畢業考試以公開性、師生問答的方式舉行。一日僅一二人應試而已。學生必須對答如流，乃得以合格。合格者即爲政府所任用。又美國人的書也記載：學校分文學、醫學、法律三科，全國有三、四十所學校。各校各科教師四、五人；學生設定爲七、八十人。教師的年薪千圓至三千圓（日圓）。學生之學費則爲一、二百圓。由於待遇好、學生人數適當，故教育才能落實。既然如此，西洋之學校制度果真良善，而其學問體系是否可以採行。鹽谷宕陰以爲不然。其曰：「洋夷之學，隨形器耳，道則淺矣。」即西洋的學問僅現象之學、技術之論而已。至於深奧的理念及道德性則付之闕如。因此，但採取其切於實用之處而用之；至於不合於東方社會的，則捨之不用。

以上是鹽谷宕陰《六藝論》的要旨。約而言之，又可歸納爲以下四個要點。

(1)所謂「六藝」，即以爲學問乃是禮樂射御書數的實學；而不是易書詩禮樂春秋的經典之學。

(2)學問本來是文武一體、政教合一的。

⑶西洋的學校制度是大中小學體系化的，且教師的生活安定，
學生的人數適當，教育成果可以預期，故值得採行。

⑷德行的實踐，固然在於止於至善；但是其遂行的責成，則必
須以六藝的習得爲基礎。

《六藝論》是鹽谷宕陰於安政四年，即明治維新前十年的幕府末期
所提出的。其所指陳的，自然與當時的政治社會諸事象有密切的關
連。亦即其對於時代背景是有所對應的。例如對應於外來的「西洋
衝擊」，《六藝論》是一種經世論。針對國內學者執著於心性論，
或埋首於訓詁考證的研究方法，《六藝論》是學術風尙的批判論。
除此之外，鹽谷宕陰所提出的六藝觀、即其學問論的論述，也頗有
見解。

第一、主張六藝是以禮樂射御書數之技藝爲中心的學問；而不
是以易爲中心的經典主義的學問。

第二、主張「道寓於器」，以展開個別學科研究之道。西洋學
術的道德性雖然微薄；但是醫學、法律、教育等學科，乃至於射御
書數及後起的科學技術之學，皆爲實用之學，宜予肯定並加以倡行。

第三、學問若以六藝實用之學爲宗旨，則儒家思想教育所重視
的基礎教養之學，乃得以具體地落實。

繼承鹽谷宕陰的《六藝論》，極陳學校教育的缺失及其起弊振
衰之道的是與宕陰有師弟關係，且同爲昌平黌教授的中村正直
（1832-1891）。中村氏指出：國之強弱繫於人材的優劣；人材之優
劣又在於養與不養。而人材的養成則在教化的施行。三代之際，教
民以知行聖義忠和的六德、孝友睦姻妊恤的六行與禮樂射御書數的
六藝。故「當時之士，德行足以爲人師，才能足以應當世之務。」（《論

學弊疏》）但是，幕末的日本，「學校之盛，百倍曩時，然士務虛文，而疏實用。其能通當世之務者，百不一二有焉。」（同上）即中村氏以為長久以來，經世濟用之學不為所重，士人也專致於經典解詁的研究而不治實用之學。即使幕末頗重視學校教育；終以傳承授受的墨守成規，不合時宜，以至教育的成果不彰，人材也無由養成。中村氏指出當時學術風尚有五弊：

> 今之所謂學者，不惟其行、惟其書；不惟其事、惟其理。若是而望實材之出，不已難乎。是其為弊一矣。……學校之盛衰，不關於治化之隆替。是為弊二矣。……所學非所用，仕學歧而為二。如是……望其治化之隆，則未也。是其為弊三矣。……文與武分為二途，而士氣之頹靡，愈不可救矣。是其為弊四矣。……方其學也，兼習諸經，又涉獵雜書，散漫無紀。……今日治詩，而明日治書，雖伏生申公不能通其義，今者人材之壞，正坐此。是其為弊五矣。（同上）

即不重經濟之學，故學校教育無關治化的宏旨。學仕分歧、文武分途，故學問的研究，博而寡要。換而言之，中村氏乃繼承鹽谷宕陰的論述，強調江戶幕府以來，以武士統治天下而有積弊產生。亦即由於文武分途，且學未必能仕用，即使學校普遍設立，也無非是一般的養成教育的傳授而已。至於一般讀書人則專注於純學術的研究。由於學不能致用，故導致學術的研究有浮泛而無歸的傾向。因此，中村氏針對上述的五弊而提出五項起弊振衰的方法。

> 今當路者苟能留意予此，取士以德行道藝，則弊去其一。使

儒通世務、吏知治道，則弊去其二。學其所仕，而行其所學，
使悉其用，則弊去其三。文武歸爲一途，儒知戰陣，將知仁
義，則弊去其四。使士專治一經、專學一事，隨其材之成，
官之終身，則弊去其五。五弊去而實材出，實材出而國勢之
不振者，未之有也。（同上）

即主張文武合一、學成而仕用。進而以「學有專精、術德兼修」爲
取士的標準。如此，方能培養文武兼修的人材，則國家乃能文治武
功兼備而國勢振興。

鹽谷宕陰與中村正直師弟相承，共同感受到學政的積弊陳痾，
有亟於振興的必要，進而提出改革之道。換而言之，二人皆著眼於
內政與學術的更革。然則，幕末的強烈震撼，在於西洋文明的東漸，
導致鎖國政策的傾頹，幕府政體的瓦解。自幕末「黑船」叩關以來，
日本舉國上下皆震驚於西洋的船堅砲利，西方的科技文明的新穎。
隨著幕府解體，西洋文明崇尚的風起雲湧，東洋傳統文化與思想，
被認爲是落後的象徵，甚且有不合時宜，應全盤捨棄的主張。傳統
文化面臨消弭無形的危機，學界老成未嘗沒有維繫固有文化傳承的
呼聲。堅持保存東洋文化以力挽狂瀾的是與鹽谷宕陰同爲昌平黌教
授的安井息軒（1799-1876）。

安井息軒以爲東方經典所描繪的理想世界及其所呈現的社會，
是井然不紊的階級社會；而非萬有平等的。再者，社會的主宰是才
德兼備的士大夫。換句話説，息軒秉持儒家精神，主張人間世界是
以人爲主的；而不是神權支配的。故本著儒生的真摯與力挽狂瀾的
文化使命感，於明治六年（1873）、七十五歲時，著《辨妄》一書，

強調儒家思想的合理主義，傾全力地展開對基督教的批判。而貫通
全篇的主旨是，以科學實證的合理主義批判聖經故事的荒誕不經。
如聖經所載「夏娃為蛇所誘，食其所禁之果，乃罰婦女以胎孕之苦，
重加之以產子之難」（辨妄一）的原罪論，息軒說：

> 夏娃食所禁之果不為無罪，罰之亦可。以夏娃之罪，並罰後
> 世之婦女，使之產子是艱，何其冤也。凡有血氣者，皆有雌
> 雄牝牡，各相配以蕃其類。彼亦犯何罪，使其雌與牝受胎孕
> 之苦也。（同上）

即批判基督教原罪論之荒謬太甚。天地萬物之雌雄牝牡的結合，乃
自然之事，又何罪之有。至於所謂雌牝受胎生子之苦，乃肇因於夏
娃食禁果所惹禍，因而殃及後世婦女，則大有逕庭。其次，對於耶
和華破天淵而淹沒生物的記載，息軒痛斥曰：

> 甚哉，耶和華之暴也。雖世人罪惡貫盈，未必盡為桀蹠，其
> 中必有差善者焉。今不導之以其道，又不分其罪之輕重大小，
> 出其不意，卒然破大淵之隙，盡淹殺之，并禽獸。獨愛諾亞，
> 使之預造舟以免其災。用心如此，安在其為天地主宰哉。（同
> 上）

由於世上的惡類罪行滿盈而欲誅殺殆盡，不但不符合宗教淑世博愛
的精神，而且偏狹太甚。故息軒以為基督教不具生養萬物的宗教情
懷。

　　安井息軒之所以批判聖經故事，蓋源自於幕末維新以來，崇洋
風氣盛行；但是西方文明之根源所在的聖經，卻是荒誕不經的，不

但無淑世的精神，而且具有偏狹適排他性。由此記載所開展出來的西方文明，又如何值得頌揚宣傳。浸染於基督教教義研究的山路愛山推崇息軒的《辨妄》，説：

> 此書是耶穌教傳入日本時，首先提出非難之著作。亦為以日本傳統思想批判新信仰之最聰明者也。……固為非常之傑作。

即指出安井息軒抱持著老儒生的執著，堅信東洋文化的優越性。亦即東方世界自有既成的社會結構與思想傳承；即使西洋文明有其特性，卻未必可以不加思索地移植至東方社會，進而全盤西化。否則，不但中西不能合璧；東方的優良傳統文化也將淪喪殆盡。❶

但是，安井息軒的執著卻在崇尚西洋的時代潮流中，只是一股極為微弱的維護傳統的呼聲，隨著明治文明開化的高揚，也為人所遺忘。再度呼喚重視儒家傳統的學者是岡本監輔。

岡本監輔，幼名文平，號韋庵。德川幕府傾覆前的天保十年（1839），生於四國德島的農村。前半生狂熱於庫頁島、樺太的探險，維新後的後半生則以儒學者、教育者而知聞一時。明治三十七年（1904）死於東京，享年六十六。

明治十年代初期，岡本監輔批判不經思索而一味地追求歐化的時勢，主張重振以孔孟思想為支柱的社會秩序。此一主張與日後旨在儒學復興之「斯文會」的設立，有密切的關連。

最初，岡本監輔與森重遠等人以復興和漢學為由而發起「思齊

---

❶ 關於安井息軒的事跡，參見町田三郎著〈安井息軒覺書〉，《東方學》七十二輯，1986年。

會」。然不敵時代的潮流而難以實行。適值當時的右大臣岩倉具視
亦頗憂慮極端的歐化主義可能造成不良的後果，以為儒道的振興有
其社會的必要性。風聞「思齊會」之事，極力支持。於是糾合群賢，
「思齊會」在重野安繹、川田剛等斯文宿儒的籌畫下，會名改為「斯
文會」，重新召收會員。結果引起極大的回響，立時有一千五百人
入會。

《岡本子》五卷於明治二十二年七月由哲學書院刊行。是搜集
岡本監輔在斯文黌的講義，或預定講授的教材而成的。全書皆用漢
文撰寫的。目次如下：

第一卷　儀範第一　藝業第二　學統第三
第二卷　力行第四　體仁第五　一貫第六　萬物第七
第三卷　論心第八　論性第九　天說第十
第四卷　道器第十一　陰陽第十二　鬼神第十三
第五卷　政法第十四　君道第十五

顯而易見地，直接與政治社會有關係的論說是第一、五卷。而
大部分則是心性論、天論等，與倫理道德有關的論述。此乃是《岡
本子》的主旨，也是岡本監輔的關心所在。

卷首的「儀範」篇指出：

> 嗚呼，孔子之言禮，其弗信矣乎。以今日言之，其儀則有難
> 盡從者，而不可不從者。亘古今通四海一也。今併其不可不
> 從者而不從之，將何以為教乎。

孔子之教雖未必全部通用於今日，欲貫通古今之道，則有不可
不遵守者。但今日卻完全捨棄，誠足以令人憂慮。至於非遵守不可

的，岡本以爲是人本來的情性。此情性即是人自然所生的德，而其
根本則是仁。岡本監輔説：

> 天下之理無窮也，而求其最正且真者，莫如仁。仁者，天地
> 生物之德，具於人心，俟修爲而爲者也。孟子曰仁者人也。
> 又曰仁人心也。言人有是仁然後得爲人。人心有此仁然後得
> 爲人心。其本體與天一，包括無窮之理。苟外乎仁，則是非
> 理之理，天人所不容也。故君子之學，莫先於求仁，其爲政
> 亦莫先於求仁。（體仁第五）

仁爲天地萬物之德，乃普遍的存在。人能專注於心的修爲，則
皆有與天、即道一體的可能。至於修得仁的方法爲何，是否極爲困
難。岡本監輔以爲：

> 求仁之方，不一而足。舉其最切且實者言之，直是與人相保
> 而已。與人相保者，必要至誠惻怛，無有彼我之間。蓋天地
> 生物之心，充滿宇宙，無有一處空間，無有一息間斷，所以
> 萬物發生不息。若天地而無生物之心，則安得有萬物相尋于
> 無窮乎。人與物從天地生意中出，故必具此理，而人最靈，
> 故惻隱慈愛之心，不能自息，自同類而及異類，次第保合，
> 無不親密，摩頂至踵，有觸即發，如石中有火，擊之乃見，
> 便是本心之發見也。（同上）

體仁是極爲容易的事。只要不設彼我之差別，維持「與人相保」
的關係，即徹底尊重人際關係和人與社會的關係，仁即在此人的心
中。換而言之，只要以人的誠實爲待人接物的根據，則體仁即能實

現。因此岡本監輔説：

> 君子之學，自本及末，自始達遠，是之則天，亦唯一誠而已
> 矣。（學統第三）
> 聖人之道，行乎人倫日用之間，燦然其備，秩然不紊。其要
> 一言以蔽之，曰誠而已矣。（同上）

何謂「誠」，其作用爲何。《岡本子》敘述道：

> 誠為宇宙之本則，而已備乎人心，發于事物，終始本末一以
> 貫，不須矯飾，專要涵養，是為孔門傳受之正宗。（學統第三）

即架構以誠爲孔門傳受正宗的誠的哲學。在「一貫」篇中，岡本監
輔更強調，沈潛於一德的貫徹而運用於萬事萬物，則能達到至善的
境界。例如孔子所謂「吾道一以貫之」，其意乃在於「一德全於我，
而妙要無窮也。」（一貫第六）所以此德可以是誠，也可以是正直，
也可以是慈愛。

> 孜孜為善，心行一致，俯仰無所愧怍，則能與天地參，萬物
> 皆皈於我，其樂也，有不知手之舞之，足之蹈之者，而人亦
> 化於善矣。要自慎獨始，誠其意，不敢自欺也。其又何高遠
> 難企及之有。（力行第六）

與天地一體的是「誠其意，不敢自欺」，並非高遠難以企及的。
而此「誠之哲學」乃架構於個人與天地合一的宇宙論之上。關於這
一點，《岡本子》有如下的説明：

> 萬物原質，皆陰陽二氣之所凝成也。合二氣曰大氣。其本體曰元氣，元氣即太極也。原質至精極微，充滿宇宙，併宇宙，莫非斯物。磨保合，日新不息。其所以然者，是為太極。即道之全體，不外乎陰陽消長之理。太極元氣，常具剛健中正純粹精之德，主宰萬物，為之樞紐。而漸次長進，必至其極，終而復始，循環無端，是道之大用，即天之所以為天造化不息也。

萬物的原質為氣，氣之至精者為太極。此為氣的消長之理。岡本監輔又說：

> 天地之間，唯有大道充塞，萬古流行不息，其本位一而已矣。分為陰陽，列為五行，雜糅氤氳，而萬物生焉。（論心第八）

「道器」篇更精細地論述「氣」。

> 道之外無氣，氣之外無道。形而上，形而下，渾然無間，生生變化不息，是為自然之妙用。故言道虛則氣在其中。言氣則道在其中，二氣與太極，本為一物，非二氣之外別有所謂太極者，唯就氣之大本源大主宰，中正純粹，萬古一定，不離乎氣而能御氣，不從氣之動靜而變，體于氣之常而立者而尊稱之，即二氣之屈伸往來，自有一定之則者，是已。

所謂「二氣」自然是指陰陽，而其消長之理，則是周子《太極圖說》所說的「無極而太極」的表現。綜觀《岡本子》之所論，乃以天人物我、古往今來皆為一體，而其究極，則是「吾性與萬物之

理，皆至誠無息之本體也。」（道器第十一）因此，人之所以存在，乃在於「誠」。岡本監輔説「誠爲道之元，道爲誠之用。」（同上）即真實地以本來所有的誠，貫徹於自己的生活當中，就是以道爲用的生存方式。如此看來，《岡本子》的主旨，乃在論説「誠」的哲學。

《岡本子》頗引用《論語》、《孟子》、《易傳》等儒家經典以展開自己的議論。如：

> 孟子曰堯舜之道，孝悌而已矣。人人親其親，長其長，而天下平。堯舜之道，則天下之道，不外乎孝悌。人人自盡而已。雖堯舜為法於天下，無以加焉。……可見孝悌為政之基，而風俗之淳，禁令之修，皆自是而出也。（政法第十四）

即引用《孟子》之文章，以説明政治的要諦，乃在於孝悌。雖然法制成於堯舜，但是當時只不過是孝悌之心的制度化而已。「故聖人主孝悌，自本推之，以達末。」（同上）孝悌原本是以血脈人情爲基本所建立的上下關係之德，由此推及於政治社會，則君臣關係亦可以類比於父子關係。又：

> 父子有親，而慈愛接物之風，遍於四海。君臣有義，而忠誠奉公之道，達於國中。親之與義，一體無間，出乎天，異於人，而如日月麗於天，不可變異磨滅也。（同上）

乃以《論語》學而篇「有子曰：其爲人也孝悌、而好犯上者，鮮矣。不好犯上而好作亂者，未之有也。君子務本，本立而道生。孝悌也者，其爲仁之本與」爲根據，建立由以仁爲本的孝悌，而引

伸出忠義之義的理論構造。而此理論尙不至於像後來極端地盡忠報
國的主張。

對於當時喧騰一時的共和制，岡本監輔以爲政治制度的提出，
宜以尊重該國的歷史爲前提。

> （共和制）自華盛頓氏相傳至今，僅僅一百餘年，而豪傑爭大
> 統領者，務媚人民，散財買譽，實繁有徒，紛議橫生，動煩
> 官長，勞其兵力，南北戰役，殺人如麻。吾恐合眾協議之變
> 爲專制無限，其間不能以髮也。專制無限者，豈祖宗聖人之
> 意哉。故共和之制，其於美國，尚未保其無弊也，況於他國
> 乎？斟酌其意，而施之於眾庶合議之地，則屬無妨。安得擬
> 之于一系萬世之國乎哉？（政法第十四）

共和制未必能適用於天皇制的國家。故「至於各國風俗好尙，彼此
不同，未可援此律彼，如美國百年以降之制，安得援以爲我之典要
乎哉？」（同上）則明白地指出萬人平等的共和制與天皇制是扞隔不
入的。

明治二十年（1887）前後，「鹿鳴館」成立洋式舞蹈會，象徵
著日本心醉於歐美文化模倣的全盛期。當然以爲媚於歐化風潮者，
是沒有見識的人也爲數不少。但好不容易認知和漢學有實現的必要
性，且設立的東京大學古典講習科卻僅有二屆的畢業生，於明治二
十一年就廢止了。由此可知，畢竟一般社會還是盛行「事洋學而不
喜和漢學，嘲笑漢學者爲愚者」的風潮。

在此社會狀況中，岡本監輔挺身於「斯文會」的設立，收集哲
學館的講義時刊行「儒學」一冊，且於明治二十二年出版《岡本子》

一書。換而言之，岡本監輔在舉世風行歐化之時，強調東洋思想與儒學的重要性，而提出自己的主張，企圖力挽狂瀾。其主張固然得到一部分人的支持，至於一般大眾都贊同，卻也未必。

《岡本子》的思想要旨，在於以氣一元論為根本而架構的宇宙論和對應於此一宇宙論而提出的「誠」的哲學。進而以此主張呼喚沈迷於歐化主義的世道人心，能有恢復道義的覺醒。雖然岡本監輔所論說的，未必是新說，但是，其力挽狂瀾的意志，是可以充分理解的。因此，由《岡本子》一書的內容，可以深刻地體認到岡本監輔咀嚼儒家思想，提倡東洋道德論的用心。

就全體而言，《岡本子》大部分是概論性的敘述，並没有特別引人注意的主張。但是，偶而也提出較尖銳的見解。如《管子》一書的內容極為廣泛，政治法制到心術論皆包含在內。因此，《岡本子》引用頗多。如「論心」第八有以下的問答。設問說到底人是用那個器官來感知世界所存在的道，回答說是心。又心如何能知道，是由於心的虛一而靜。然後，接著說：

> 人生而有知，知而有志。志也者藏也，然而有所謂虛，不以己所藏，害所將受，謂之虛。心生而有知，知而有異，異也者同時兼知之，同時兼知之，兩也。然而有所謂一，不以夫一害一，謂之壹。心臥則夢，偷則自行，使之則謀，故心未嘗不動也。然而有所謂靜，不以夢劇亂知，謂之靜。

「虛壹而靜」一詞雖出自《荀子·解蔽》，但由於心的統一性和集中力而知「道」的論述，則是《管子·心術》等所謂《管子》四篇的思想特徵。因此《岡本子》的這段敘述，或根據《管子》四篇的

説法而論述的。至於「虛」的意義，岡本監輔以爲「虛」並不只是「虛無」而已，而是充實自我的知識，於探究事物時，没有先入爲主的觀念的「虛無」。如此理解「虛」的意義，是極爲簡明扼要的。關於「一」和「靜」的解釋也是如此。

《岡本子》雖然偶而有如上述，提出鋭利的見解。綜括全書的論述，則在強調當今的急務是恢復道義與道德心。進而指出此急務的達成，並非難事，只要維持良好的人際關係，並加以拓展即可。至於人際關係的維持，即在於每個人的「誠」的復歸，且徹底地實踐，則良好的人際關係，就能平坦地展開。

岡本監輔之所以提出如此的主張，乃抱持著當代中國學學者，即儒者承擔時代責任的自覺。面對當今的情勢，而反省自身從來所理解的東洋的學問究竟是什麼，時潮所尙的歐美文化的本質是什麼，又如何對應來勢洶洶的西洋文明等問題。岡本監輔反省的結果，如芳賀矢一於《岡本子》跋文所敘述的，「（岡本監輔）發憤讀泰西之書」而論著《岡本子》一書，以提出其思想主旨。綜觀《岡本子》的內容，果真是抱持著儒家「任重道遠」的精神，毅然決然地以全幅的心力面對歐美文化。芳賀矢一推崇岡本監輔，説「雖然今之學者，相胥流於浮萍者也，其讀岡本子，以爲迂闊者必多矣」。但蘇格拉底之説道德，雖爲當時人所譏笑，而千年之後，其論説卻成爲定論。因此「焉知今日之笑岡本子者，亦莫非當時之笑蘇氏者哉」。

先於岡本監輔，在明治六年（1873），晚年的安井息軒以爲蜂湧而來的歐美文化的本質是基督教，乃以其窮年研究聖經，指出聖經矛盾與虛妄的所在，進而以宿儒的立場尖鋭地批判基督教的教義，撰述《辨妄》一書。山路愛山指出：「就當時的知識水準而言，《辨妄》

一書是非凡的傑作」。但是，當時崇信基督教爲文明支柱的青年人卻以爲《辨妄》的主張，「無非是無用之觀」❷。執著於以儒家精神維持東洋社會秩序的老儒者的呼喚，終被時代的洪流所吞沒。

　　《岡本子》的運命大抵和安井息軒的《辨妄》相同，雖然受到一部分人的贊同，卻終究消失於時代的潮流中，而爲後人所遺忘。但是，在歐化萬能的時流中，以形而上與形而下兩方面細說對抗於西洋的東洋立場及其本質的《岡本子》，時至今日，誠有重新評價的必要。畢竟岡本監輔通過《岡本子》一書，提出修正歐化一邊倒的偏向，進而高唱東洋精神。即使被譏笑爲陳腔爛調，不合時宜的儒家本位主義與東洋精神尊重的主張，由於安井息軒、岡本監輔等人大聲高呼的結果，逐漸喚醒後人的心志，理解並重視植根於傳統的正統文化。就此意義而言，《岡本子》是敘說明治時代之學術思潮極爲重要的資料。

三、古典講習科

　　明治十年、東京大學創立。於文學部第二科設置和漢文學科。但是當時英文學是大學必修科目，大學的所有科目都以英語教學。總理法文理三學部的加藤弘之鑑於漢學的大老凋謝殆盡，應培養後繼者，以保護並維持日本傳統學問。再者無論研究歷史或政治學，都必需要有和漢古典、歷史、文學等基礎知識爲理由，在明治十二年、向文部省申請於東京大學設立「古典講習科」。但是文部省沒

---

❷　見山路愛山《現代日本教會史論》，30-43頁。

有答應。十四年再度提出，十五年五月、同意文學部新設立以「國學」爲主的「古典講習科」。同年十一月、文部省專門局長濱尾新提出設立漢文學講習科的必要。於是以「國學」爲主的「古典講習科」稱爲「古典講習科」甲部，以「漢文學」爲主的稱爲「支那古典講習科」，屬於「古典講習科」乙部。修業年限爲四年，招收四十名學生。

在大學經費困難，而且受到一般社會流行尊重「洋學」風氣的影響，明治十八年停止招收古典講習科的學生，二十年、將古典講習科的修業年限縮短了一年。二十一年、廢止。畢業生共四十四名。

明治天皇於十九年視察東京大學，由元田元孚整理而頒布了「聖諭記」。其中期待古典講習科能培養出通曉「治要之道」，能經世濟民的人材。雖然，古典講習科的畢業生未必能爲世所用，但是由明治後半到昭和初年，代表日本東洋學的俊才輩出，古典講習科是有其承先啓後的地位。因爲第一、「古典講習科」所講授的不是「左國史漢」和漢詩習作，而是以《皇清經解》爲中心的純粹的實證的學問。換句話説，「古典講習科」所傳授的是與政治道德分離的純學問意識。近代的「漢學」研究可以説是由「古典講習科」開始的。第二、由於漢學研究領域的擴大而有嶄新研究分野的創立。這也是「古典講習科」的成果。如林泰輔的中國古代史和甲骨文的研究，長尾雨山的中國藝術論，都是新分野的開拓。至於「日本漢學史」的研究，如安井小太郎的《本邦儒漢學史》，則是受到西洋學術研究的影響而新產生的一門學問。第三、「古典講習科」的畢業生雖然只有四十四名，但是能繼承江戶時代的學問研究，又活躍於當時的日本漢學界，在日本一流大學教授生徒，建立了近代中國學研究

的基盤。確立了承先啓後的地位。❸

四、《棧雲峽雨日記》與《觀光紀游》

明治初期，二位日本人到中國旅行，各以漢文記述其見聞。其一爲竹添光鴻於明治九年（1876）記載其遊覽中國西北、西南部而成的《棧雲峽雨日記》。其一爲岡鹿門於明治十七年（1884）以記錄上海爲中心之東南遊歷而成的《觀光紀游》。

竹添光鴻的《棧雲峽雨日記》以山水、風土，即自然描寫爲中心。岡鹿門的《觀光紀游》則著重於人物、政治、時事的記述。在《棧雲峽雨日記》中，隨處可以看到近代日本人首次旅遊中國，對中國風物極爲感動的敘述。但是岡鹿門的中國紀行，則傾向於對當時中國政治、社會的批判。何以二人皆受到漢學的薰陶，然則二遊記前後相距八年，對於中國的觀點卻大相逕庭。探究其原因，大抵有二。

第一、二人的年齡、性格與立場有差異。旅行中國時，竹添光鴻是三十五歲，岡鹿門是五十歲。竹添光鴻洋溢著而立之年的熱情，岡鹿門則顯示出沈穩歷練的老成。竹添光鴻當時是一國的外交官，自然不容許任意發言。岡鹿門是在野的文人，即使作政治評論，也無關宏旨。

---

❸　關於「古典講習科」的詳情，參閱町田三郎先生的〈東京大學《古典講習科》の人人〉，《九州大學哲學年報》51，1992年3月。其後收入《明治の漢學者たち》，東京：研文出版，1998年1月，頁128-150。

　　第二、竹添光鴻的中國之旅在明治九年，岡鹿門的旅行則在明治十七年。在這八年間，中國與日本的情勢都產生了極大的變化。此或許是二者產生差異的最重要的原因。幕末維新的動亂情勢止息，成立安定的近代化政府，是在明治十年（1877）的西南戰役終止以後。換句話說，國家統一，建立了近代化國家體制，日本即顯示出亞洲國家中歐洲列強式的姿態，開始倣傚歐美列強的侵略行為，耽視朝鮮和中國。由於明治政府儼然有亞洲中最先進國家的強勢態度，身為先進日本國國民的岡鹿門的中國觀，自然與憧憬中國歷史風土的竹添光鴻有極大的不同。在親聞中國知識人對日本的情勢一無所知，又看到清朝對法國侵略中土而束手無策的情況時，對中國即採取嚴肅的批判。岡鹿門在《觀光紀游》的「例言」中，率直地指出：「是書間記中土失政弊俗，人抑或議其過甚。余異域人，直記所耳目，非有意為誹謗。他日流入中土，安知不有心者，或取為藥石之語乎。」

　　一般人以為日本對中國觀的轉變，是始於明治二十七、八年的中日戰爭。其實，部分的知識人在明治十七、八年時，即有日本是先進國的傾向。岡鹿門的《觀光紀游》或許正顯示此一傾向的端緒。❹

五、《漢文大系》與《漢籍國字解全書》

　　由服部宇之吉編輯的《漢文大系》刊行於明治四十一年（1909）

---

❹　關於二遊記的論說，參閱町田三郎先生的〈《棧雲峽雨日記》與《觀光紀游》〉，《陳奇祿院士七秩榮慶論文集》，頁41-57，台北：聯經出版事業公司，1992年5月。

到大正五年（1916）的八年間。共二十二卷，收載三十八種書籍，由富山房出版。全書按四部分類的話，可分為：

　　經部——易經、書經、詩經、春秋左氏傳、禮記、四書、弟子
　　　　　職、小學。

　　史部——戰國策、史記（列傳）、十八史略。

　　子部——老子、莊子、墨子、韓非子、管子、荀子、淮南子、
　　　　　七書、孔子家語、近思錄、傳習錄。

　　集部——楚辭、唐詩選、三體詩、古文真寶、文章規範、古詩
　　　　　賞析。

服部宇之吉編輯《漢文大系》的目的有二：一為系統的介紹具有代表性而且是常識性的中國古典及其精審的注釋。二為蒐集日本幕末到明治時代儒學者的研究成果。至於《漢文大系》所顯示的意義，則在於吸收中國最新的學術研究，評價日本幕末以來的漢學研究成果。因為《漢文大系》所收集的中國古典注釋不但有唐宋及其以前的注解，更值得留意的是清人注釋的收集，如孫詒讓的《墨子閒詁》、王先謙的《荀子集解》。至於本國前人的注釋，特別是諸子的注疏，更是大量的收錄。如安井息軒的四書注、《管子纂詁》，太田全齋的韓非子注等。因此，《漢文大系》的編輯固然可以代表日本近代學術研究的成果，更重要的是，隨著日本近代化國家確立的時代背景，在學術研究上，日本也有足以與中國最新學問，即清朝學術比肩的研究成果，特別是諸子研究，日本的研究未必遜於清朝。這或許是服部宇之吉編輯《漢文大系》的用心所在。❺

---

❺　關於《漢文大系》的論說，參閱町田三郎先生〈《漢文大系》について〉，

　　《漢籍國字解全書》於明治四十二年（1910）到大正六年（1917）
的八年間，由早稻田大學出版部分四次出版。收集了江戶時代的國
字解，即所謂「先哲遺著」和新的注解而成。特別是以代表日本漢
學之頂點的元祿（1688-1704）至享保（1716-1736）年間的先哲論述
爲主。

　　　第一輯　　四書、易經、詩經、書經、小學、近思錄、老子、莊
　　　　　　　　子、列子、孫子、唐詩選、古文真寶。
　　　第二輯　　春秋左氏傳、傳習錄、楚辭、管子、墨子、荀子、韓
　　　　　　　　非子。
　　　第三輯　　禮記、莊子、唐宋八家文讀本。
　　　第四輯　　文章規範、續文章規範、十八史略、戰國策、國語、
　　　　　　　　淮南子、蒙求。

　　所謂漢籍國字解，是中國古典的國字化，即融和漢學與國學，
形成日本文化的重要關鍵。換句話說是漢學的日本化。因此，《漢
籍國字解全書》雖然和《漢文大系》同樣是整理漢籍，但是《漢籍
國字解全書》的主要目的在保存日本文化的遺產與發揚近代日本學
術研究的成果，不止是可以作爲江戶到明治大正期漢學史的參考資
料，更是探究日本近代學術文化的重要依據❻。再者，《漢文大系》
的編輯有兼收中國與日本於漢學研究成果，進而顯示日本漢學特色

　　《九州大學文化史研究》34，福岡：九州大學九州文化史研究會，1989年3
　　月。其後收入《明治の漢學者たち》，東京：研文出版，1998年1月，頁185-208。
❻　關於《漢籍國字解》的論説，參閱町田三郎先生〈《漢籍國字解全書》〉，
　　《東洋の思想と宗教》第九號，東京：早稻田大學東洋哲學會，1992年6月。
　　其後收入《同上》，頁209-230。

的用心。《漢籍國字解全書》則全盤顯示漢學日本化的色彩，換句話說，日本本土文化意識的顯揚是《漢籍國字解全書》的編輯目的。

結　語

於幕末維新之際，面對西洋文明的衝擊，鹽谷宕陰在所著的《六藝論》中，提出以東洋的傳統文化與制度，維護東洋秩序，匡救時政的論著。安井息軒的《辨妄》則以老儒生的執著與對東洋文化的信念，來對抗西洋文明。換句話說，幕末維新的文化攘夷論是針對西洋文明而發的。但是，對西洋文化的攘夷論，在全面文明開化的時代潮流中，終成爲歷史的絕響。

明治十年以後，日本躍昇爲亞洲的先進國，知識人對中國的觀點也有顯著的轉變。岡鹿門的《觀光紀游》即是一個證明。而中國觀的轉變，也帶動本土文化意識的高昂。《漢文大系》與《漢籍國字解全書》的編輯，即是漢學日本化的產物。換句話說，明治十年以後的文化攘夷論是針對中國學術而發的。從明治以後的漢學研究一方面繼承江戶時代的儒學研究成果，一方面吸收西洋學術研究方法，而開創了近代日本學術文化的局面。今日日本的東洋學，特別是宋明學、佛教研究、東洋史學的研究成果正是日本學界誇耀的所在。

日本幕末以來文化攘夷論年表

1846年、弘化3年、美東印度艦隊司令官與幕府交涉

1853年、嘉永6年、美印度艦隊停泊浦賀港，提出國書要求建交

1854年、安政元年、日美親善條約締結

1858年、安政5年、日美修好通商條約締結

1858年、安政5年、鹽谷宕陰《六藝論》刊行

1860年、萬延元年、攘夷論的提出

1862年、文久2年、生麥事件（薩摩藩士殺傷外國人）

1863年、文久3年、5月長州藩砲擊外國船隻，7月薩英戰爭

1866年、慶應2年、安井息軒請中國學者爲所作《管子纂詁》撰序
　　　　對中國學術的尊重

1873年、明治6年、安井息軒《辨妄》刊行——與西洋文明對抗

1876年、明治9年、竹添光鴻《棧雲峽雨日記》出版——對中國歷史
　　　　文化的憧憬

1877年、明治10年、西南戰役（2月—9月）結束——自視爲亞洲中先
　　　　進國的關鍵

1880年、明治13年、斯文會成立（東京）——振興道德、興隆經術文
　　　　學

1882年、明治15年、「古典講習科」創立——漢學復興（漢學家的培
　　　　育）

1884年、明治17年、岡鹿門《觀光紀游》出版——對中國學術、政
　　　　治的反省

1886年、明治19年、〈聖諭記〉頒行——漢學復興（以和漢學造就經世人才）

1889年、明治22年、岡本監輔《岡本子》刊行——與西洋文明對抗的絕響

1894年、明治27年、安井小太郎《本邦漢學史》——重視日本本土學問的提倡

1900年、明治33年、井上哲次郎《日本陽明學派之哲學》出版

1902年、明治35年、井上哲次郎《日本古學派之哲學》出版

1905年、明治38年、井上哲次郎《日本朱子學派之哲學》出版

1907年、明治40年、服部宇之吉編輯《漢文大系》（中日經傳注疏之代表作的編輯）

1909年、明治42年、早稻田大學編輯《漢籍國字解全書》（日本先儒著作的編輯）

1920年、大正9年、支那學社成立（京都）——近代支那學的形成

1924年、大正13年、內藤湖南《日本文化史研究》出版

周邊向中心的復歸：中國近代的「哈日」風潮

——康有為的《日本書目志》

關鍵詞　哈日　變通　明治維新　中國變革指標　翻譯日本書籍
意識改革　利用厚生　教育制度

前言、中國近代的哈日風潮

　　明朝嘉靖年間，由於倭寇侵擾中國東南沿海地域，乃有一部分
人留意日本的輿地、風土，如薛俊的《日本考略》、鄭若曾的《籌
海圖編》、侯繼國的《日本風土記》等著作即是❶。清代乾嘉考證學
的興起，日本江戶時代徂徠學派的山井鼎（1690-1728）的《七經孟
子考文》先後為《四庫全書》（載見《四庫全書總目》卷三十三）、《知

---

❶　武安隆《中國人の日本研究史》第二章〈明代の日本研究〉第二節〈代表
　　的な明人の著作〉，東京：六興出版，1989年8月，頁71-92。

不足齋叢書》所收錄，也爲王鳴盛、盧文弨、阮元所引用❷。固然可以表示在十六世紀中葉以後，由於日本的武力強大與學術論著的精詳，日本的學術文化逐漸爲中國人所關注。雖然如此，中國近代之形成「哈日」的風潮則是起因於日本明治維新的成功。中國雖有悠久的歷史文化，卻不敵西方列強的船堅砲利，甚至敗於東瀛小國的日本，清朝政府乃有興革圖強以起弊振衰的決策。在「中學爲體，西學爲用」的本位主義的潮流中，乃派遣留學生以研究日本維新成功的根本所在，也有外交使節以職務之便而撰述有關日本政治、社會、風土的論著。在中國近代「哈日」風潮中，康有爲主張以日本明治維新爲殷鑑而銳意革新是眾所周知的，然而其所編纂的《日本書目志》❸雖是中國目錄學史上的異端別裁，但是闡析「易守舊而日

---

❷ 　《四庫全書總目》所載《七經孟子考文補遺》是荻生觀受幕府將軍德川吉宗之命而增補的。有關山井鼎及其《七經孟子考文》的論述，參狩野直喜〈山井鼎と七經孟子考文補遺〉（原收載於《内藤博士還曆祝賀支那學論叢》，弘文堂書房，1926年5月，其後收入狩野直喜《支那學文藪》，東京：みすず書房，1973年4月，頁120-139）。

　　「易守舊而日新」見於卷四「圖史門·各國歷史三十五種」的解題（頁十八），「日本與吾同在東方，……而後安步從之」見於卷四「圖史門·日本史二百零四種」的解題（頁二十七）。

　　所謂「周邊向中心復歸」，是内藤湖南以「螺旋史觀」説明文化發展徑路的現象之一，内藤湖南之説見於其所著〈學變臆説〉（《涙珠唾珠》所收，《内藤湖南全集》第1卷，東京：筑摩書房，1996年1月）。

❸ 　據康有爲〈康南海自編年譜〉所載：「光緒二十二年，丙申，（1896）三十九歲，……自丙戌年編日本變政化，披羅事蹟，至今十年，至是年所得日本書甚多，乃令長女同薇譯之，稿乃具，又撰日本書目志。」（收載於蔣貴麟編《康南海先生遺著彙刊》第二十二集，台灣：宏業書局，1976年9月）。《日本書目志》原爲上海大同譯書局刊行，今收入蔣貴麟編《康南海先生遺著彙刊》第十一集。

新」是明治維新富強的原因，而「日本與吾同在東方，同文同俗，同政同教，吾藉日本爲經途爲探路，而後安步從之」，將有速效的主張，不僅能反映中國近代之以政治爲著眼而形成「哈日」風潮的所在，也可說明中日文化交流史上，中國取法日本近代文化之「周邊向中心復歸」的現象。畢竟明治政府融合東西文化的精華而建立近代化的國家，而中國既失落傳統的實用之學，又缺乏革新的見識，故「禮失而求諸野」，以日本的明治維新爲中國變革之典型的主張也應運而生。至於《日本書目志》所強調的：翻譯日本翻譯出版西洋文明的圖書，以爲學校教育的教材，振興產業的指標，改革思想意識的根據不但是中國改革的具體方針，也是康有爲提倡政治改革的理想取徑。

一、《日本書目志》的體例

《日本書目志》凡十五卷，是「因漢志之例，撮其精要，剪其無用」❹，分別部類歸屬以輯錄所蒐集的圖書，並撰述各主要部類的提要，以闡明其趣旨。全書編次爲〈自序〉、〈總目〉和〈目錄〉。〈自序〉說明其編纂的旨趣，〈總目〉列舉「生理門、理學門、宗教門、圖史門、政治門、法律門、農業門、工業門、商業門、教育門、文學門、文字語言門、美術門、小說門、兵書門」等十五部門以部屬群書，〈目錄〉則標記各部門的類目、收錄書目的數量與解題。其類目是以近代學術領域分野爲區分而羅列所屬的書目，解題

---

❹　康有為《日本書目志·自序》。

則説明各分野的學術源流與效用。唯部分門類，如「生理門」、「宗教門」、「文字語言門」、「美術門附方技門」、「小説門」的書目之後，除了記載部屬類目及其收錄書目的數量，著錄提要之外，並記載該部門收錄書目的總數。再者，全書只有卷七「農業門」的〈目錄〉之前，載記有〈農工商總序〉。茲摘錄「文字語言門」與「兵書門」的篇目提要，以説明其門類的著錄體例。

　　日本書目志卷十二目錄
　　　文字言語門
　　　　和文學
　　　　作文書
……
　　伊勢物語　　　　　二冊　　　在原業平著　　　　　　一角二分
……
　　右和文學一百八種
……
　　文章組織法　　　　　　　　富山房編　　　　　　　　二角
……
　　作文書六十四種
……
　　右修辭演説二十種
　　孔子四科，德行之後，以語言先政事文學。……泰西公議傳教
　　　　猶尚演説之風，四科之一學，豈可忘哉。
……

凡語言文字學十四類八百六十種

日本僻在荒島，無文學也。六朝以前，師佛學，隋唐以後師吾中學，皆加重譯而後能之。……故使日人青出於藍，吾亦可以自返矣。

日本書目志卷十五目錄

　兵書門

　　馬政

　　航海書

　　銃獵書

　　兵書戰記附

日本書目志卷十五

兵書門

馬學全書	三冊	陸軍乘馬學校	一圓六角
馬學説約	二冊	陸軍士官學校	六　角

……

右馬政書十五種

月令周官之言馬政詳矣，而今乃無一書，治國之政，無所不治，　　下及牧畜，纖悉皆舉。日人遂恢恢乎，有其意矣。

……

以此觀之，蓋如〈自序〉的記載，乃祖述《漢書‧藝文志》的體例，分門別類地綜理相同領域的書目，其後或合計同類書目的總數，著錄該類目的提要，或進而統計整個部門所收錄的類目、書目

的數量，著錄部門的解題。唯其部類的著錄體例固然依循中國傳統目錄學的舊制，但是門類的設定與著錄的篇目完全是近代學術的產物。再就圖書分類的情況而言，《日本書目志》分15部門而收錄了7760種圖書❺。茲與《日本十進分類法》❻做一比較，《日本書目志》是先有設定以歸類收錄的書目，然後每一部門之下再區分若干類目，至於《日本十進分類法》有「總記、哲學、宗教、歷史、地理、社會科學、自然科學、技術、產業、藝術、言語、文學」等十類（Class），每一類之下又有「綱」（Division），如總記的圖書館、目錄學、百家事典、刊物、叢書，哲學的哲學、心理學、倫理學、宗教，歷史的歷史、傳記、地理、紀行，社會科學的政治、法律、經濟、統計、社會、教育、民俗、軍事，自然科學的數學、理學、化學、天文學、地球科學、生物學、植物學、動物學、醫學，技術的建築工學、金

---

❺　生理門366種、理學門390種、宗教門108種、圖史門895種、政治門436種、法律門447種、農業門404種、工業門227種、商業門157種、教育門737種、文學門903種、文字語言門860種、美術門633種附方技門87種、小說門1058種、兵書門52種書目。

❻　森清編，東京：日本圖書館協會，1978年，新訂8版。《日本十進分類法》（以下簡稱 NDC）的初版於1929年出版，雖祖述杜威（Melvil Dewey, 1851-1931）的「十進分類法」（以下簡稱 D.D.C.），唯第一區分，即「類」（Class），大抵根據Charles Ammi, 1837-1903 "Expansive Classification"，而第二區分以下則參考「D.D.C.」與「美國國會圖書館分類法」（以下簡稱 L.C.）等書而編成的，因此其類目設定、分類歸屬、編排次序與「D.D.C.」「L.C.」稍有不同。「NDC」的1是哲學·宗教；「D.D.C.」則分別為1、2，「NDC」的6產業是「D.D.C」所無的。至於歷史·地理的類目，「NDC」排列於2；「D.D.C」則在9。又「L.C.」的L教育、M音樂、Z圖書館目錄，「NDC」則分別列入3社會科學、7藝術與0總記。

屬工學、機械工學、製作工業、家政學，產業的農林業、水產業、畜產業、蠶絲業、商業、交通，藝術的美術、音樂、演劇、體育、各種技能、娛樂等。「綱」之下又再細分爲「目」(Section)和「細目」(Subsection)。如哲學是「類」，東洋哲學是「綱」，中國哲學是「目」，先秦思想是「細目」。換句話説，《日本書目志》是「門、類」的二段區分，《日本十進分類法》則是「類、綱、目、細目」的四段區分。再分析《日本書目志》的部門類目的分類歸屬，則可考知其與反映近代圖書分類之《日本十進分類法》有相符應的所在。《日本書目志》的「生理門」統攝「生理學、解剖學、衛生學、藥物學、病理學、外科學、皮膚病及黴毒學、眼科、耳科、齒科、產科」等，就《日本十進分類法》的區分而言，是「自然科學」類的「醫學」和「藥學」。「理學門」包含「物理學、化學、天文學、曆書、氣象學、地質學、地震學、生物學、動物學、植物學、鑛山學、哲學、論理學、倫理學、心理學」等，就《日本十進分類法》的區分而言則橫跨「自然科學」與「哲學」兩類。「宗教門」有「宗教總記、佛教歷史、佛書、神道書、雜教類」，就《日本十進分類法》的區分是「哲學・宗教」類。「圖史門」包含「地理、地圖、日本史、年表、記行、類書」等，「類書」所著錄的大抵近似「百家事典」書目，故就《日本十進分類法》的區分，則分屬「歷史・地理」類與「總記」類。至於「政治門」、「法律門」、「教育門」與「兵書門」，是「社會科學」類，「農業門」與「商業門」是「產業」類，「工業門」是「技術」類，「文學門」與「小説門」是「文學」類，「文字語言門」是「言語」類，「美術門」是「藝術」類。若以圖表顯示二者的關係則爲：

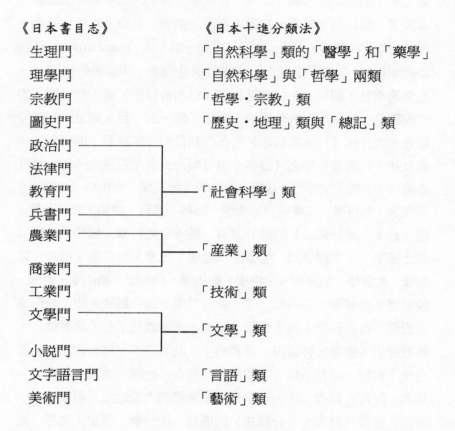

《日本書目志》
生理門
理學門
宗教門
圖史門
政治門
法律門
教育門
兵書門
農業門
商業門
工業門
文學門
小說門
文字語言門
美術門

《日本十進分類法》
「自然科學」類的「醫學」和「藥學」
「自然科學」與「哲學」兩類
「哲學·宗教」類
「歷史·地理」類與「總記」類
「社會科學」類
「產業」類
「技術」類
「文學」類
「言語」類
「藝術」類

　　綜上所述，《日本書目志》的書目著錄固然是依循《漢書·藝文志》的舊制，其部門分類則接近於近代圖書分類法。換而言之，《日本書目志》的分類方法是新制，書目著錄是舊規，不但可以說是以新舊融合的形式，反映新舊交替，中西合用的時代風潮的產物，也象徵康有為「君主立憲」是變法革新中有保守的思想本質。再者

考察康有爲《日本書目志》所收載的類目、書目及部門總序，主要類目、部門末尾解題的意旨，其部門名稱的命名、部門的次第與翻譯日本翻譯出版西洋圖書而施行於學校教育的編纂旨趣，大抵可以窺知一二。

「生理門」所收「生理學、解剖學、衛生學、藥物學、醫學、獸醫學」等類目的名稱與「生理學通俗十一種」解題所説的「易曰天地之大德曰生，……吾素問少發其源，泰西近暢其流」（卷一、頁六）的叙述，可知其所謂的「生理」是指近代醫學，即吾人養身衛生的生生之理的學問。至於部門的先後次序，則由「生理學通俗十一種」的「由受形之器，推其天命之精，蓋爲物理學之源，心靈學之本，由此以入于哲學，則四通六闢，小大精粗，其運無乎不在矣」（同上）及「生理門」末尾的解題「天之道曰陰與陽，人之道曰生與殺。……古亂尙力……流血成河，千里無人，故兵者殺道，亂世之極也。……醫者生道，太平之極也。謁千聖之術，止亂安人，以衛生而已。教學以生其魂靈，醫術以生其體魄。……大治在於醫，故冠諸篇焉。」（卷一、頁十八）乃以生命醫學爲内聖外王的極致，亦即以醫學仁術，爲致太平盛世的道路，又以生命的形成爲物理學與心理學的本源，由於生命之理的釐析而進入哲學的探究，或可闡明生生哲學的要義，故置「生理門」於卷首，而次之以「（物）理門」、「宗教門」。至於「兵者不祥之器，不得已而用之」，故將「兵書門」置之於篇末。

二、《日本書目志》的編纂旨趣

翻譯日本翻譯出版西洋圖書，藉以變革圖強的編纂旨趣於《日本書目志》中俯拾可得。如卷一「生理門·獸醫學四十七種」的解題「日本之學無不出吾廡下也，其醫學亦然，近則皆用西醫矣。泰西自康熙時，日耳曼人哈芬創人體皆血脈、皆血管，專主治血，乃盡變泰西四千年醫學之舊。……日人皆譯之。若產婆學，尤關生理之本，泰西皆有學人專門考求，而吾中人棄于一愚嫗之手，草菅人命數千年矣。嗚呼！日人蓋知譯求之矣。日人近垂意畜牧，故獸醫之學亦極意講求。太平之世始於仁民，終於變物。」（頁十八）又「衛生學三十八種」的解題「宋儒皆由佛出……故多樂養生之道廢。日人好潔，近講泰西衛生之學甚精，其飲水通風之法，防疫看護之方，亦甚綦詳矣。嗚呼！天子失官，學在四夷，此豈非聖人之意哉。」（卷一、頁六）日本自古代的平安時代以迄近世的江戶時代的學術文化，大抵取捨於中華文化，然江戶後期的引進蘭學，明治維新以後的全盤歐化，終於脫胎換骨而形成近代化的國家。維繫傳統固然是中國人的道德責任，但是故步自封的守舊則是積弱衰亡的病根。殷鑑於日本近代化的軌跡，翻譯其翻譯出版的西洋圖書，教育學子庶民❼，

---

❼ 卷一「生理門·生理學通俗十一種」的解題「日本盡譯其書，施之學校，行之通俗。」（頁二），卷二「理學門·橫文化學三種」的解題「吾製作局亦譯化學之書，但不如日本之詳且施之學校也。」（頁七）皆說明學校教育的重要，至於卷四「圖史門·萬國地圖十六種」解題所說：「泰西之強也，強於童塾之小學也。自七八歲入學，即摹繪地圖。日本法之，其地

用以化民成俗，或爲救亡圖存的捷徑。其具體的變革作法則是意識的改革與教育制度的建立。至於卷四「圖史門‧地理文學十八種」解題所説：「國朝學者亦喜言地理之學矣……然道路未通，圖測未精，但供考古而已。……而學校之教，未聞傳授。詞館之英不知中國省會郡邑之東西，疆土之吏不知全地外國之名號，其他更不足責已。譬由舊家遺產甚多，子弟甚愚，至不能按圖契，其爲人盜賣欺占也。固宜推原其由，皆學校僅課舉業，不講地理之故。……泰西闢地也，皆以講求地理之故。……日人效之，皆有小學中等地理之書，以遍智其國民。有教化、有問題，故非博雅士考據之謂，凡農工商人皆通之謂教也。」（頁六、七）則進一步地指出考證之學雖能成就博雅的學問而爲科舉進身之階，卻無益於經濟民生，唯有以近代性的學問，循次漸進地教育子弟，提昇庶民的教育水準，落實教化的功效，乃能振興家國大業，否則徒爲刀俎而任人宰割而已。綜觀《日本書目志》的解題，其編纂的旨趣蓋有以下三點。

（一）闢斥乾嘉考證學之不切實用而提倡以「物理之學」為極致的意識改革

康有爲以爲意識改革是建立近代化國民素養的根本之道，其於卷二「理學門」的「理科學學校用二十種」的解題「夫歐洲所以驟至盛強者，爲其兵之練歟，爲其砲械之精歟，爲其機器之巧歟。……其有不然歟，其有本原者存焉。嘗考歐洲所以強者，爲其開智學而

圖多暗射法，童子皆熟習之。……欲士民之智，非令學校課試地理，學童摹圖誦題不可得也。」其主旨雖在説明輿圖的重要性，而其重視小學教育，強調以近代實用之學為啟蒙教育的基本，乃能治國富強的理念亦可察知。

窮物理也，窮物理而知化也。……若猶但言軍兵砲械而不興物理學，
我豈知所稅駕哉。」（頁二）則以軍隊的精練、兵器的更新、機械的
巧妙爲形而下的器用，而以物之理的「條理」的體悟認知爲形而上
的主體。由於窮究事物之理的智慧增長，故以「能通所以然」的學
問爲「天下第一等學」。❽換句話説，技術性的日新月異固然重要，
而事物之理與「造化神化變化，道莫尊於化矣，凡百學皆由化學」❾
的窮究才是創發的根源。換句話説，康有爲以爲「開智學而窮物理」
❿先於技術性製作的思想意識改革，是當代中國革新的急務。其具體
的事例又見於卷三「理學門」的「博物學書七種」的解題：「夫人
之智從萬物出者大，從人出者小，聖人之師萬物也。泰西近日翻陳
出新，皆從物理出。日本舊法……與中國同。近講博物學，自童業
至大學，皆以爲教，故……日人學問日異歲不同，可以考見。故舉
國皆智而人才不可勝用也。夫虎豹犀象雖大而人至小，乃能檻繫之，
以智勝物也。觀是書也，吾之爲日繫也，豈無故耶。」（頁十二）於
學問的傳授上，由於日本能汰舊換新，以窮理務實爲極致，故國民
知識水平提昇而人才輩出。中國宜以日本的因革損益爲殷鑑，否則
故步自封，欲去除陳痾而康復富強，必遙不可期。再者「造化爲廬，
哲人同輿，沈精極思，無所不徂……額氏火教，實得理初，孔道陰
陽，包盡無餘，大地作者，亦可爲游心大觀歟」❶，則以分雖殊而理

---

❽　同上，「理化學五種」的解題，頁四。又同上，「生物學書八種」的解題：
　　「生物之學者，化生之學也。讀《萬物退化新説》一書，蓋技也，而進於
　　道矣。」亦可窺知康有爲之以物之理爲本體，以技術爲器用的理念。
❾　同上，「橫文化學三種」解題，頁六、七。
❿　同上，「理科學學校用二十種」的解題，頁二。
❶　同上，「哲學二十二種」解題，頁十八。

實一，東西的哲學思想皆有可觀之處。唯「泰西析條分理甚秩秩，其微妙玄通，去遠內典矣。吾土自乾嘉時，學者掊擊心學，乃並自其心，則何以著書，何以仕事。嗚呼！心亦可攻乎哉，亦大異矣。日人中江原、伊藤維楨本爲陽明之學，其言心理學則純乎泰西者」[12]，大抵先秦諸子的思想與公羊的義理固然高明，宋明心性之學固然奧秘，於哲理分析的條理性與體系構造的綿密性上，則不如西洋哲學。中江藤樹雖開啓江戶時代陽明學的先河，伊藤仁齋雖主張直探孔孟真義的古義學，於思想論理的分析則極具邏輯性，頗有西洋哲學的神韻。至於乾嘉以來的考證學固然有近代實證的學問精神，但是偏執於經典的訓詁，則不免產生抱殘守缺的流弊。換句話説，康有爲以爲考證之學無益於經世致用，故強調唯有通達事物之理的主智之學，才能活絡長久以來僵化的思想意識。因此其於卷四「圖史門‧各國歷史三十五種」解題明白地指出：「援古證今，會文切理，一開口即當合萬國論之，否則雖以錢王之學，亦村學究而已。……百餘年來，爲地球今古萬歲轉軸之樞，凡三大端焉，一自培根創新學而民智大開，易守舊而日新，一自哥倫布闢新地而地球盡闢，開草昧而文明，一自巴力門倡民權而君民共治，撥亂世而昇平。」（頁十八）乃以「易守舊而日新」爲意識改革的原則，進而以「國際化」爲視野而開中國的矇昧，否則以文獻考證爲皓首的極致，將淪爲孤陋而望洋興嘆。

---

[12]　同上，「心理學二十五種」解題，頁二十。

（二）以教育制度的建立為變法革新的根本大計

　　所謂教育制度的建立是指開拓近代自然科學、社會科學、人文言語學等分野並於學校開設近代學術的學科，進而以確實可行的教育方法論，循序漸進、由淺入深地教育學生，提昇國民的教育水準，培養專業人才。康有為說：「日本蕞爾島國，其地十八萬方里，當中國之一蜀，而敢滅我琉球，剪我朝鮮，破我遼東……割我台灣。夫日本所以盛強者，……其有本原者存焉。……觀日本講求格致之書，諸學粲然，而理學之書繁博，分小學、高等之級，入門之次，教授之法及其大學紀要之詳。」❸學問的傳授，分小學、中學、大學而進階，教材的編纂由初步入門而深入精微，既有教授方法的參考資料，也有考察成果的測驗。循階漸進而由淺入深，又輔以教學考覈系統的建立，則學問的條理具備而教育的功能也得以發揮。康有為又說：「此萬里（中國）真大地之金窟哉。……今日欲開地中之礦，宜先開心中之礦、眼底之礦。心中之礦、眼底之礦者何？開礦學、譯礦書是也。不然則欲其入而閉之門也。」❹意謂開拓近代學術的領域，翻譯日譯西洋科技文明的精華，進而於學校設置自然科學、社會科學、人文科學、語言學等近代科學的學科，教授近代化學問的教育改革，才能振興國勢。此既為康有為變法革新的旨趣所在，也是其編纂《日本書目志》的取捨所在。換而言之，其以為教育制度的興革是中國變革的急務，近代化教育制度雖起源於西方西洋世

---

❸　卷二「理學門」的「理科學學校用二十種」的解題，頁二。

❹　同上，「礦學三十三種」的解題，頁十一。

界，日本不但實行西洋的教育制度，也翻譯有關的書籍，編修各級學校的教科書，故日本的近代化選別與落實是中國實施教育制度與意識改革的殷鑑。康有爲説：

> 泰西之強，吾中人皆謂其船械之精，軍兵之鍊也，不知其學校教育之詳也，故五十年來，吾中國亦漸講軍兵砲械，費帑萬萬而益以藉寇兵而齎敵糧耳。此中西強弱之大鍵，不可不明辨也。日人之變法也，先變學校，盡譯泰西教育之書。……試考各國教法之精粗疏密，可以知其國之強弱盛衰矣。……日本德國合級小學公私學校比較論、學校通論皆兼備，各國精微詳盡，皆可參觀而思兼之，亦得失之林矣，觀國者必本於是焉。（卷十「教育門·實地教育六十七種」解題，頁十八、九）

強調西地各國的強盛不在軍械之精良而在教育制度的完備周密，日本維新的首務也在學校教育的變革與西洋教育圖書的翻譯而編修各級學校的教科書。亦即建立周衍的教育制度，製作確實可行的教育方法論，從事思想意識的改革，進而培養經世濟用的人才，才是國家強盛的關鍵所在。

（三）振興產業以期利用厚生

中國雖然地大物博而資源豐富，但是缺乏近代化知識與技能，故不但不能有效地開採天然資源而厚植國力、富裕人民的生活，反而成爲列強的口食而飽受侵蝕。康有爲説：「日本蕞爾小國，爲礦無多，然博物院目錄甚博，其礦書初學教材如是其詳也。泰西諸書已譯矣。較之吾中土，則我二萬大國，遍地皆礦而無一書，此真外

人所垂涎者哉。……西人礦質分金類非金類二類……中國無其名而亦不識之，視若泥沙。若能開學譯書，以考求之，得一新物，則有大利存焉。」❶，開設近代產業的學科，以翻譯的近代產業圖書為教材而教授學生，進而以近代的學識為基礎，開採礦石，順暢其流通而利用於社會各種行業，必能使人民豐衣足食而優遊於太平的盛世。其編纂《日本書目志》而設立農工商等產業部門，即有實現經世濟民之政治理想的用心。其於〈農工商總序〉指出：

> 夫開內地之利者，農工也，取外國之利者，商也。……吾中國非不言農工商也，……其事效與泰西懸絕相反。……泰西之農工商皆從士出，各業皆有專書千數百種，以發明之，國家皆有專門學校以教授之，舉數十國又開社會以講求之。其有新書、新器、新法，為厚獎高科，以誘勸之，大集賽會，以比較之。故其民精益求精，新而又新，進而愈上，欲罷不能。……故泰西之商，窮域絕島，靡所不居，農出之，工作之，商運之，精血充溢，用致殷強，固有然也。而吾中人之為農工者，皆愚惰之人，目不識字，況乎圖算，足不出鄉，何有講會，即其農書等于詞章，吟誦之學，而不能施之于用，即使可用，農工不能識考而施行之，況皆舊法，比于日新爭巧者，相去亦遠矣。百工更無專書，商賈貿遷，但知銀算，既上無學校獎勵之道，下無社會賽會之方。……而謀國者尚棄置坐視，其憤發者但談軍兵砲械，以思固其圍，豈知精華既竭，襃裳去之，民且不存，安有邊圍，而以不全不備之軍

---

❶　同上，頁十一、二。

　　兵砲械，勢必俱敗。然用事者猶不知大戒深思，以善用其民，
　　吾不知所託足也。……日本蕞爾島國，爲地十八萬方里，僅
　　當吾一蜀，當咸同時，頻見逼于歐人，國且內亂，地宜國勢，
　　比吾今日，不如遠矣。而考其變法之故，特設農工商部，皆
　　有學校以教之，祿賞以勸之，又有社會以講求，賽會以激勵。
　　今其農工商三業之書，泰西佳書略以盡譯，加以新得，分條
　　析縷，冥冥入微，嗚呼，觀日本之所以強者，吾中國可以反
　　而求之。（卷七，頁一～三）

強調以務材訓農，通商惠工，敬教勸學而富其民爲生養庶民的要務。
若一味地窮兵黷武，即使購置軍械大砲，畢竟不敵列強的精良，徒
然耗損國力，困乏生民而已。不如以日本變法維新爲殷鑑，於君主
立憲的內閣體制中，設置農工商部門，以振興產業，又開辦農工商
的專科學校，以爲培養專業人才，進而獎勵民間投入生產事業的開
發，推廣產業研習，以開拓利用厚生之道，則不但能佐國之急難，
救民之窮匱，更由於貨殖的流通，經濟貿易的發展，獲取外匯，而
厚植國力。如此，才是中國致富圖強的根本之道。

結語、《日本書目志》的意義

　　康有爲於《日本書目志·自序》說：

　　吾中國，大地之名國也，今則耗矣哀哉。以大地萬國皆更新
　　而中國尚守舊，故也。……泰西之強，不在軍兵砲械之末，
　　而在其士人之學、新法之書。凡一名一器，莫不有學。……

泰西於各學，……條秩精詳而冥冥入微矣。……中國皆無其
書，……非譯其書不可。……日本步武泰西至速也，故自維
新至今三十年而治藝已成。大地之中，變法而驟強者，惟俄
與日也。俄遠而治效不著，文字不同也。吾今取之至近之日
本，察其變法之條理先後，則吾之治效，可三年而成，尤為
捷疾也。且日本文字猶吾文字也，但稍雜空海之伊勢呂波文
十之二三耳。泰西諸學之書，其精者，日人已略譯矣，吾因
其成功而用之，是吾以泰西為牛，以日本為農夫，而吾坐而
食之。……使明敏士人習其文字，數月而通矣。於是盡譯其
書，譯其精者而刻之，布之海內。以數年之期，數萬之金，
而泰西數百年，數萬萬人士新得之學，舉在是。吾數百萬之
吏士識字之皆可以講求之。然後致之學校，以教之，或崇之
科舉以勵。天下嚮風，文學輻湊而才不可勝用。……日本變
法二十年而大成，吾民與地十倍之，可不及十年而成之
矣。……嗚呼日人之禍，吾自戊子上書言之。……嗚呼使吾
曾成，日書盡譯，上之公卿，散之天下，豈有割台之事乎？
故今日其可以布衣而存國也。然今不早圖，又將為台灣之續
矣。

康有為以為中國非革新不可，否則台灣割讓（1895）的歷史悲劇將
再度發生。至於革新的策略則在於西洋文明的汲取效法，而其捷徑
則是西洋書籍的翻譯。唯西方諸國遠在重洋，而且西洋的文字不易
通曉，不如翻譯只有一海之隔的日本所出版有關西洋文明的圖書，
畢竟日本不但維新成功，將躋身於世界列強之林，其所翻譯的西洋

書籍都是經過選別，大抵適用於東方社會的精華之作，而且日本使用漢字，即便夾雜有假名，只要研習日文，即能理解。故翻譯日本出版的西方文明的書籍，不出十年即可遂行政治革新而富強。其於卷三「理學門・倫理學十七種」解題所說的「春秋三世具有變通，⋯⋯先聖因時立制，條理粲然」，亦可窺知繼承先聖的理想，以完成經世濟民大業是康有爲變革的極致。至於以日本維新富強爲殷鑑則是近代化的選別，取徑於明治維新的進程，改變中國人的思惟方式，進而落實近代化的建設，才是中國變革的根本大計。

　　《日本書目志》編輯完成的1896年（光緒22年，明治29年），是日本確立亞洲諸國中先進地位的時期。就日本國內情勢的發展而言，在西南戰役（明治10年，1877年）以後，國內完成統一，進入近代國家的安定期，具備朝「脫亞入歐」目標邁進的情勢，又於日俄、中日兩次戰爭的勝利之後，終形成亞洲諸國中先進國家的地位。在學術發展上，幕末以迄明治初期，西洋至上的歐化思潮風靡日本全土，漢學成爲守舊的象徵，漢籍也被視如敝屣，明治10年到23年間遂有漢學復興的運動，如東京帝國大學設立「古典講習科」，民間成立以振興儒學爲宗旨的「斯文會」，明治24年至36年間，則有融合東西哲學與注視日本學術文化的趨勢。❶⓿康有爲自稱：《日本書目志》是其以十餘年的歲月收集採購日本出版的書籍而編纂的書目。❶❽從其

---

❶⓿　西南戰役以後，日本進入近代國家安定期的敘述，參町田三郎先生〈明治初年の中國旅行記（その2）——岡鹿門《觀光紀游》〉，《明治の漢學者たち》，東京：研文出版，1998年1月，頁59-60。至於明治時代的學術發展軌跡，則參考町田三郎先生〈明治漢學覺書〉，同上，頁3-4。

❶❽　參見注❸。

蒐集日本圖書至書目編纂的十年間，在政治上正值明治新政府朝向
躋身於先進國之列的發展時期，而學術上則有融合東西學術文化的
動向。換句話說，《日本書目志》不但反映出日本明治時代的政治
指標與學術文化的發展趨勢，也寄寓著康有爲變法圖強的目的與改
革救國的策略。發展成君主立憲的近代化國家是中國政治的究極，
而明治政府朝近代化國家發展的軌跡，正是中國政治改革的取徑指
標。至於日本民間爲了順應近代化的時代潮流，銳意歐化繼而融合
東西文明所出版的圖書的翻譯與徹底如實地應用施行，則是中國落
實政治革新而救亡圖存的可能根據。因此，《日本書目志》雖是中
國目錄學史的異端，卻明確地指出中國實現近代化而取法於日本的
因由，又羅舉了取徑的根據所在，故可以說是反映清末基於政治革
新的目的而形成「哈日」風潮的代表著作。

周邊向中心的復歸：中國近代的「哈日」風潮

——台灣當代的「哈日」文化

關鍵詞 哈日　多樣性文化　哈日歷史　螺旋史觀　鷺湖文化
現代中國的三個中心（政治北京　經濟上海　文化台北）

一、「哈日」現象所呈現的是「多樣性文化」

　　所謂「哈日」是對日本的酷愛。筆者於二〇〇一年五月到台灣淡江大學中國文學系訪問研究，對「哈日」現象，做了抽樣調查。由問卷結果顯示，九十年代後期以來，台灣「哈日族」所哈的是

　　1.日本演藝人員的偶像崇拜。

　　2.日本綜藝節目的觀賞與卡拉ＯＫ的演唱。

　　3.日本製造的精品與裝飾品的購買。

　　4.日本青少年服飾與裝扮的模倣。

　　5.到日本旅行。

　　6.日本料理的食用。

至於特殊的「哈日」現象與心理則是

    1.徹夜排隊購買日本青少年歌手演唱會的門票。

    2.部分社會民眾與大學生之學習日本語的目的是爲了能演唱卡拉ＯＫ和看得懂日本電視的綜藝節目。

    3.跟不上日本青少年的流行就是落伍。

    4.在兩性交往上，台灣的男生總是採取主動；要像日本男生的被動，才「酷」。

分析當前台灣「哈日」現象，就普遍的意義而言，其實是具有接受外來文化的傾向，而在酷愛日本的現象背後，也隱含著有以下的文化意義。

    1.日本綜藝節目的熱愛或演藝人員的偶像崇拜，甚至於青少年流行新潮的崇尚，都是日本大眾文化的再現。此如實地反映日本社會的現狀，未嘗不可以說是具有顯現真象的面相。

    2.由電視傳播媒體的媒介，理解日本綜藝節目，如「電視冠軍」製作群的敬業精神，或專題報導，如「職人」（即百工）由技進道之追求究極的「工夫」歷程，則含有追求完善的意念。

    3.通過旅遊與風物的觀賞，親身經歷日本溫泉的逸趣，欣賞紅葉、櫻花的自然美景及寺院建築的文物之美，則是美感的體驗。

換句話說，台灣「哈日」現象所呈現的是體現「真善美」之多樣性的文化意義。雖然如此，省察台灣的「哈日」，固然引進日本當代的文化，卻未必有主體意識爲主導，用以轉化外來文化而形成適用於本土當今的主體文化。畢竟「接受轉化而精益求精」是日本文化形成的動力，如果台灣當前的「哈日」只是「接受」而不能「轉化」，

進而形成台灣新文化，就沒有體得日本文化的神髓。茲探究中國近代以來「哈日」的歷史，進而考察台灣現代文化的取向及其普遍價值的根據所在。

二、「哈日」的歷史

　　中國近代的「哈日」開始於明治維新（1868）以後。明治維新以後，日本資本主義快速發展，引起中國人的關注，特別是中日甲午戰爭（1894-1895）的日本勝利，造成中國知識階層大的衝擊。因此以日本維新變革為藍本而致富圖強的主張逐漸高漲。隨著光緒三年（1877）清國駐日本公使館的設置，研究明治新政的風氣大開，變法立憲的論調亦日益擴張。換句話說，此一時期「哈日」的動機是以政治為著眼，研究日本明治維新成功的根本所在，進而摸索中國政治改革而富強的方策。至於主導「哈日」風潮的是駐日公使團及知識分子，前者的代表是黃遵憲、楊守敬、黎庶昌等人，後者則是主導戊戌變法的康有為、梁啟超。❶黃遵憲的《日本雜事詩・自序（1890年）》既稱贊日本明治維新以來進步神速，為古今萬國所未嘗有的事例，又敘述日本歷史的變遷，維新發展的經緯，寄寓中國改革變法而富強的旨意。因此《日本雜事詩》不但是清代學者研究日本的代表作，其所記載的日本風土文物與明治政府的典章制度，

---

❶　中國研究日本明治維新以後到戰後經濟高度成長期（1871-1960）的概況，
　　參武安隆・熊達雲《中國人の日本研究史》，東京：六興出版，1989年8月，
　　頁93-295。

於戊戌變法運動亦有極大的影響。

康有爲《日本書目志·自序》:「天道後起者勝於先起也。……泰西之變法至遲也,故自培根至今五百年而治藝乃成。日本之步武泰西至速也,故自維新至今三十年而治藝已成。……泰西諸學之書,其精者,日人已略譯之矣,吾因其成功而用之,是吾以泰西爲牛,日本爲夫,而吾坐而食之。……日本變法二十年而大成,吾民與地十倍之,可不及十年而成之矣。」❷則以明治維新之融貫中西,既吸取西洋科技文明的精華,又轉化更新,以適用於東方社會而致富強盛的經驗,誠爲中國變法的最佳借鑑。梁啓超發揚師說,主張「自覺變法」是明治維新之所以成功的主要原因,至於維新以後,日本之所以能長治久安的原因,則在於開明專制的遂行與國權、民權的維持,進而主張以明治政權爲殷鑑,中國變革富強的所在是

　　1.學校的創設是變法的首要急務。❸

　　2.以明治維新爲藍本,遂行中國的政治改革。❹

　　3.精通日語,以廣譯日譯的西洋書籍,作爲中國變法、建設之資。❺

辛亥革命以後,研究日本的風氣依然持續不斷,而形成「哈日」

---

❷　《康南海先生遺著彙刊》十一,台北:宏業書局,1976年9月。

❸　〈論變法不知本源之害〉,《飲冰室合集》文集第一冊,中國:中華書局,1941年,頁10。

❹　〈上攝政王書〉,李華興·吳嘉勳編《梁啓超選集》,上海人民出版社,1984年,頁551-554。

❺　〈論學習日文之益〉,《飲冰室合集》文集第二冊,中國:中華書局,1941年,頁80。

的風潮，則是在日本侵華的時期（1931-194）。此時期的「哈日」主要是因爲愛國情懷而產生的，希望藉認識日本、理解日本而得到抗日戰爭的勝利。故對日本進行多面性的探索，而定期的發表研究日本成果的雜誌也創刊發行。其中最值得注目的是有關日本文化與民族性的論述。如傅仲濤指出日本民族的特性是萬世一系的思想、善於模倣而轉益更新，至於纖細流麗素樸的愛好，則是大和民族的性格。❻羅白釗說既能接受外來文化，又不失去其固有傳統精神，是日本人的特長，也是日本文化的特徵。❼至於日本文化的特長到底爲何，陳德徵則認爲是日本將外來的大陸文明與思想融入於生活中，既將東西文化融合成渾然的一體，又在統一之中表現其典雅流麗的個性。❽

戰後，由於日本經濟高度成長，日本近代化的經驗造成中國近代第三次的「哈日」風潮。七十年代以來，探索日本經濟發展的原因，分析工業近代化、企業管理、財政金融、貿易經濟的面相，考察日本資本主義的歷史發展軌跡及戰後經濟改革的經緯，歸納技術革新、企業管理、國際金融與經濟貿易等發展法則，以解決「爲何日本（工業經濟）能（急速發展）而我們不能」的癥結所在。

戰後五十年的今日，由於經濟持續成長，國民所得增加，再加上政治改革、自由解放與大眾傳播媒體的普及，再度興起「哈日」

---

❻　〈日本民族的二三特性〉，《宇宙風》第25號，1936年。

❼　〈強韌的日本傳統精神──日本文化之一考察──〉，《日本研究》第1卷第4期，1943年。

❽　〈日本文明思想概觀〉，陳德徵編《日本研究叢書之一》，上海世界書局，1928年。

的風潮。唯今日「哈日」現象所反映出來的是商業包裝的大眾文化的流行與優雅唯美之美善文化的嚮往。

綜上所述，中國近代以來，百年的「哈日」歷史及其宗尙大抵可區分爲以下四期：

第一期　明治維新以後　以政治改革爲目的

第二期　日本侵華　　　在愛國情懷下，徹底地分析日本的諸
　　　　　　　　　　　面相

第三期　七十年代　　　以經濟發展爲著眼

第四期　今日　　　　　日本「真善美」文化的反映

三、「哈日」現象反映了「螺旋循環」之文化傳播的理論

內藤湖南以爲歷史的演進與文化形態的形成既不是直線式的，也不是圓環式的，而是螺旋狀循環式的。所謂「螺旋狀循環」是說歷史發展與文化互動，是歷史文化的發源中心向外緣周邊地區伸展的正向運動與外緣周邊地區向發源中心復歸的逆向運動的反復循環現象。就中國歷史的發展而言，三代到西晉是中國文化向外擴張的時代；五胡十六國到唐代中葉，則是周邊各民族逐漸強大，其勢力漸次地威脅到中原。到了唐末五代，外族的勢力則到達頂點。宋元明清以迄現代也是中心向周邊與周邊向中心的反復循環。至於引發正向或逆向運動的動力，內藤湖南以爲有藉武力以擴張勢力範圍與純粹的文化影響兩種。就勢力擴張而言，中國三代的文化是以黃河流域爲中心的，其後擴張至長江流域，長江流域乃形成新的勢力。

秦末群雄興於江漢，劉邦平楚滅秦後建立大漢帝國。劉漢勢力西移，終誘發西陲遊牧民族的覺醒，形成強大的勢力，不時侵略漢邦土地，而建立匈奴王國。中國早於元代初年，即有擴張勢力至日本之舉，日本國力足以影響中國的時間則甚晚，大抵始於晚明，所謂倭寇騷擾東南沿海，其後，於清季之際引發中日甲午戰爭，二次世界大戰則又舉兵侵華。

　　再就文化的移動與影響而言，中國的文化創始於黃河流域，其後文化的中心則逐漸轉移至長江中、下游，甚至廣東一帶也人材輩出，獨領風騷於當世。日本始終受到中華文化的影響，直到明治維新，全盤西化而富強。中國的政府官員、知識分子和留學生乃湧入日本，探索日本致富圖強的原因，汲取日本化的西洋新知，進而在中國各地傳播東瀛文化。因此，內藤湖南說：東洋文化的中心在中國，在黃河沿岸發芽的文化，首先延伸至西方，再到南方，其後由東北而蔓延至日本。由於中華文化的刺激，中國周邊各民族終於產生文化覺醒，其後周邊民族形成了新興的文化，又逆流回到中國。此正向運動與逆向運動的往復循環，即是東洋文化形成的歷史軌跡。❾

---

❾　內藤湖南〈學變臆說〉說：文化傳播的路徑不是直線的，而是螺旋狀的循環。（《淚珠唾珠》所收，《內藤湖南全集》第1卷，東京：筑摩書房，1996年1月）。至於以內藤湖南的「螺旋史觀」探究東亞文化發展的軌跡，則有連清吉的〈以內藤湖南的螺旋循環史觀論近世以來中日文化傳播的軌跡〉，《慶祝莆田黃錦鋐教授八秩日本町田三郎教授七秩嵩壽論文集》，台北：文史哲出版社，2001年6月，頁339-355。

四、當今「哈日」現象所帶出的問題──「日本文化」的特徵是什麼

　　分析台灣當前「哈日」現象的內容，所謂新潮或流行的裝扮或行為，是東京新宿或原宿的新人類的文化，其實新宿或原宿所流行的青少年文化是西方，特別是美國文化的移植。電視綜藝節目製作群的敬業精神，老店或「職人」（百工）既維繫傳統又追求究極的工夫，陶冶於自然風物與傳統文物而形成的優雅寬綽之唯美主義，則是日本傳統精神與古典文化的表徵。至於重視品質與服務至上的商業文化，則是融合外來文化與本土文化的結晶。因此日本文化可以說是具有以下的特徵：

　　1.接受外來文化

　　2.維繫傳統文化

　　3.以精巧見長的民族性創造出融合東西的文化

　　用內藤湖南「螺旋史觀」來檢證日本的文化，則「接受外來文化」是周邊地域受中心文化影響正向發展，「維繫傳統文化」是周邊地域的文化自覺，至於融合性文化是周邊地域所創造的新的文化。其後，周邊地域所形成的文化終逆向影響及中心的國度，中國近代以來的「哈日」即是中心國度受到周邊之日本文化影響的例證。

　　內藤湖南也曾提出中國文化是日本文化的「鹹鹽說」（ニガリ説），❿即日本原本未必沒有文化的雛型，唯經過中華文化的刺激點化以

---

❿　〈日本文化とは何ぞや（その一）〉，《日本文化史研究》（上），東京：講談社學術文庫76，頁16-22，1987年3月。

後，終形成日本文化。若以豆腐的製造來說，日本文化的原型是豆漿，中華文化是爲鹹鹽，成型的日本文化就是豆腐。再以《莊子·應帝王》的渾沌寓言作弔詭的比喻，則日本文化的原型是渾沌，中華文化是爲南北之帝儵忽，成型的日本文化是七竅。（七竅成而渾沌死，然經中國文化的點化後，日本文化因而成型，後世竟影響及中國）。探究日本學術文化的發展歷史，也無非是「接受外來文化」而「維繫傳統文化」，由於外來文化的刺激，發揮民族獨特的性格而發展出「融合」而「轉益求精」之學術文化的發展軌跡。大抵而言，日本的中世是佛教的時代，近世以後則是儒學的時代。在江戶時代的二百六十多年間，朱子學、古義學、古文辭學、陽明學、折衷學、考證學陸續登場，雖未必沒有學者提出獨自的見解，如伊藤仁齋在戴震之前，就著眼於《論語》、《孟子》的字義，貝塚茂樹稱之爲日本近代學術啓蒙思想的先驅。**⑪**荻生徂徠以李攀龍等人的「文必秦漢，詩必盛唐」主張，提出以古文辭的探究而回歸原典真義的論說。其於《論語》與諸子的注釋，頗爲清儒所參採。雖然如此，伊藤仁齋與荻生徂徠的成就卻未必超越宋儒的藩籬，或能與明清儒者比肩而已。唯近代以來，以內藤湖南、狩野直喜爲中心的京都中國學，既以清朝考證學爲學問研究的方法，又兼採西歐合理主義的學問方法與日本江戶儒者獨特的見解，出入東洋學問，涉獵經傳子史文學、甲骨金文、敦煌文物而成就了經史文化史學。換句話說，今日京都中國學的學問方法是在目錄學的基礎上進行旁徵博引、精詳考證，

---

⑪　〈日本儒教の創始者〉，日本の名著33《伊藤仁齋》，中央公論社，1983年11月，頁7-33。

而建立通貫宏觀的歷史識見，又由於京都自古即是日本文化之所
在，而且有與江戶中期以來考證學風的傳承，乃形成「學問與趣味
兼容並蓄而渾然融合的研究，才能真正地理解中國文化」的學術理
念。此以博綜宏觀的史識和科學實證爲學問方法的經史文化之學既
是京都中國學的傳統，也是值得當代中國學界取法的所在。**⓬**

五、台灣現代文化的發展取向

就政治地緣關係而言，台灣是中國的轄屬；但是就文化的形成
而言，則是外來文化的更迭傳入。隨著歷史的推移，台灣分別被西
荷、明鄭、清領、日據、國民黨所統治，也因而有明鄭清領的禮俗
文化、日本文化、中國傳統文化的維繫與中西文化融合的三個文化
形態迭出於台灣這個場域。其實就地理環境與歷史文化的發展而
言，台灣與日本頗爲類似。日本是島國，台灣則是位於東海的島嶼。
日本文化是不斷接受外來文化的歷史，台灣的土地上也有中原、日
本與西洋文化的陸續登場。日本在受到外來文化的刺激後，產生本
土意識的文化自覺，終於形成融合本土與外來的文化，而且適用於
時代的綜合性「東洋文化」；台灣有多元性文化的產生，而持續發
展之爲可能的主體性文化的建構，自然是當代文化建設的課題。因
此日本之接受外來文化而形成自身主體性文化的發展進路，或爲台
灣當前確立主體性文化，建構普遍價值的取向。在台灣企業經營管理

⓬ 有關京都中國學的學問，參注**⑨**所引連清吉〈以內藤湖南的螺旋循環史觀
論近世以來中日文化傳播的軌跡〉。

念上，即有融合東西而建立本土企業的形態，如王永慶的台塑企業
即是。王永慶以台灣人堅忍不拔的毅力，突破困境的強韌生命力與
融合外來文化的種族特性，落實《大學》「明德」而「止於至善」
的道德圓善動力和日本企業之篤實敬業的精神，建立台塑「勤勞樸
實」之企業經營信念，又為了順應瞬息萬變的時代趨勢，實現持續
發展之所以為可能的理想，乃汲取美國「合理化」企業管理的理論，
而建立產生於本土，又融合東西文化於一體的「台塑王國」。至於
主體文化的營為，即有台灣新儒家所建構的「鵝湖文化」。

六、「鵝湖文化」是建構台灣和東亞文化之普遍價值的根據

　　從台灣儒學文化傳統來看，台灣的社會文化與台灣的國民性始
終是穩安成熟和浮華暴戾交替相存的。鄭氏治台時期，實施德法並
行的政策，社會呈現路不拾遺，夜不閉戶的昇平氣象。清廷入主台
灣，漢文化社會迅速地形成，既有博文約禮的常規教化風俗；富足
浮華和貧困暴戾的社會風氣亦同時並存，又由於官吏綱紀敗壞，民
變和械鬥與清世相始終。日本據台，法制森嚴，社會治安大抵依循
常軌。戰後台灣則是文明與狂飆並在。就負面而言，危懼苟安，思
變改異是台灣社會的悲情；就正面而言，獨特豐富的多樣性與處於
逆境而不屈的柔軟性，則是自歷史鍛鍊而出的台灣文化的結晶，也
是台灣人良善性格的一面。要化暴戾為祥和，去苟安為長久，則需
要制度化本土的禮俗，結合鄉里祭典與民間的文化活動，更以政令
輔成而持續施行，或能實現富而好禮的社會，化成安鄉重土的鄉土

情懷。至於人文心靈和文化理想的涵養，則有賴於民間講學的遂行和社會讀經風氣的形成，而文化事業的關注助成，行政機構的獎勵提倡，就更能彰顯其成效。

新儒家開展戰後台灣儒學的新面貌，以台北為中心的《鵝湖》於儒學的闡揚與傳播，是台灣新儒家的學術研究與社會實踐的典型。《鵝湖》創刊於1975年以來，二十五年間，致力於內聖的工夫與外王的事業，而開展出當代新儒學的機運。所謂內聖的工夫是融合中西學術而架構思想體系，即以「究天人之際」的天道性命問題，「通古今之變」的傳統和現代化問題和解決中西文化問題之「成一家之言」為學術研究的終極理想。至於外王事業則是以人文的關懷與時代感受而重建文化的理想。前者在成就學術的莊嚴；後者則通過民間講學、社會讀經與社區大學的落實，而完成化民成俗的教化功能。換句話說，《鵝湖》所代表的台灣新儒家，其所致力維繫的是存在認同、文化認同與秩序認同，其最顯著的活動是感受時代的學術研究與對應社會的教化實踐。民間講學的施行與讀經運動的提倡，即具體的發揮其社會關懷、文化省思的功能。在校園講壇的傳授，雖然是薪火相傳，培養人才，以固邦本的大業；但是學術走向社會，以哲學的思考探究人生問題，提供人文的省思，使民眾涵養文化共同體的認同歸屬，其社會教化之機能實踐的歷史意義就更為深遠了。王邦雄先生以人文化成的哲學慧命，心靈虛用的生命理境，為傳統文化立心，賦予對應現代社會之新的生命力的系列著作，大抵為民間講學之講稿的編輯，而洛陽紙貴為社會一般大眾所樂讀。此意味著通過新儒家深入淺出的古典新詮釋，台灣人文教養的新生泉源逐漸根植於民間，儒學也發揮其主導文化走向的教化功能。

　　戰後以台北爲中心的台灣讀經運動是在1994年1月，由王財貴策畫，於華山講堂成立「讀經推廣中心」，鼓勵兒童讀經。王財貴說：台灣全民讀經運動的推行，若能成立相關的學會或基金會，其推廣活動將更具有客觀性與永續性；組織各地「讀經教學輔導團」，使推廣更普及化深層化；促請政府將讀經教學編入課程納入體制；進而以台灣的經驗推廣到海外華僑社會和中國大陸，到達「有中國人的地方就有人讀經」的情況，這樣的「文化中國」才是真正的禮義之邦。「中國人文的重鎮在台灣」，以台灣新儒家所建立人文心靈和文化理想的新中原的歷史意義就在於此。至於社區大學的主旨則在涵養現代公民的素養，袁保新先生於〈現代公民素養學程計劃書〉說：社區大學是當前以台北爲中心之台灣文化在邁向「市民社會」（civil society)的過程中，以「人性自覺」爲主題，從真實問題出發，而以現代公民的能力與素養的提升爲目標。亦即以獨立自主且具有批判性思惟的健全人格和具有人文素養而提升都會生活的品質爲宗旨，提高現代公民的生活品質與人文素養，進而促成「社區總體營造」之公民社會的建構。⑬

　　從經濟貿易的觀點而言，環中國海地區是21世紀世界各國競相角逐的「場域」。⑭經濟發展而促成此一地區之主體文化意識的復興，

---

⑬　有關台灣儒學現代化的問題，參連清吉〈就中日儒學的因革論台灣儒學現代化的取向〉，《台灣儒學與現代生活國際學術研討會論文集》，台北：學生書局，2000年12月，頁257-277。

⑭　環中國海地區為21世紀世界經貿中心的論述，參連清吉〈環中國海地域以儒家為主體的思想形態〉，《經學研究論叢》第7輯，台北：學生書局，1999年9月，頁17-330。

進而形成所謂「儒家文化圈」或「漢字文化圈」的意識。❶綜觀東亞地區的文化，日本的傳統文化之所以能持續發展的原因之一是以政令制度的形式來保存其實質，如「成人式」、「鯉のぼり」等禮俗的施行即是。但是現代的日本社會雖依然行禮如儀，一般人卻未必明白立禮的內在涵意，導致文化的主體性暗晦不明。2001年1月，日本高知縣的「新成人」干擾成人儀式的進行，部分大眾媒體甚至主張廢除「成人式」，由此可知現代日本之以經濟優先、科技第一而文化其次的結果，即使政府提倡教育改革，依然無法挽回人文教養日趨微薄的事實。

中國大陸在八十年代以後，銳意於經濟改革開放政策的施行，沿海地域的經濟飛躍成長，特別是上海的蛻變，隱然有躍居東亞經貿中心的趨勢。雖然如此，經濟優先的結果，不免形成重利輕義而對人文缺乏關懷，以至於文化主體難以根植於社會各階層的偏失。

審視當今東亞的文化環境，以感受時代，關懷文化傳承命脈之文化心而建構人文化成之外王事業的「鵝湖文化」，或為建立東亞地區普遍價值之可能依據。

七、台灣是現代中國的文化中心

一九八〇年代後半，東亞新興工業經濟地區（NIES）的經濟急

---

❶ 杭庭頓（Huntington）《THE CLASH OF CIVILIZATIONS AND THE REMAKING OF THE WORLD ORDER》的日譯本《文明の衝突》，鈴木主稅譯，東京：集英社，1998年8月，頁157。

劇成長，進入二十一世紀，由於東亞的經濟發展更爲蓬勃，以中國沿海爲中心的環中國海地域將成爲世界的資金薈集，貿易活絡的經濟據點。換句話說，上海不但是中國經濟的中心，也將成爲東亞經濟縱軸線的中心地位，而發號政令的首都北京不但是中國政治的中心，也將是東亞各國政治會商的所在。

內藤湖南於《近世文學史論・序論》指出：文化是以時地爲經緯，由於時代與土地的結合而形成文化的中心。中國清朝的政治中心是北京，而文化的中心則在於經濟重鎮與人文薈集的揚州。同樣地，東京是江戶時代以來，日本的政治中心，但是文化中心則在於有富裕的經濟力與保持傳統文化的關西。 ❶

以此考察現代的中國情勢，雖然政治中心在北京，經濟中心在上海，而文化中心則在台灣。因爲戰後的台灣維繫了中國傳統文化，除了官方宰制性的儒學以外，民間也有知識階層的理論建構與社會實踐和宗教團體振興傳統文化的活動，對中國傳統文化和台灣儒學繼承發展，作出了極大的貢獻。特別是1975年以來，以《鵝湖》爲中心的台灣新儒家更以關懷時代的道德使命，提出營造人文心靈和文化理想的新中原，恢宏「文化中國」的文化理念，實踐文化慧命傳承的終極理想而開展了文化的進路。此「鵝湖文化」所建構的文化理想可以說是「漢字文化圈」的普遍價值，故產生「鵝湖文化」所在的台北即是現代中國的文化中心的所在。

---

❶ 《內藤湖南全集》第一卷，東京：筑摩書房，1970年9月，頁19-23。

結語：

環中國海地域以儒家為主體的
思想形態

關鍵詞　環中國海　文明中心移動　東亞文化復興　一心開二門
　　　　普遍價值

前言

　　一九八〇年代後半，東亞新興工業經濟地區（NIES）的經濟急
劇成長，進入二十一世紀，由於東亞的經濟發展更為蓬勃，以中國
沿海為中心的環中國海地域將成為世界的資金薈集，貿易活絡的經
濟據點。❶所謂環中國海地域是指以大連‧青島‧天津為中心的渤海

---

❶　九十年代以後中華文化圈（中國、香港、台灣）的經濟快速成長，又根據
　　1998年9月1日人民日報的報導，中國1997年的經濟成長率為8％，98年1-7
　　月的實際成長率也是8％。足見中國的經濟發展極為穩定。杭庭頓
　　（Huntington）說：「中國逐漸發展成大國，則中國將成為東亞的霸權國」
　　（《THE CLASH OF CIVILIZATIONS AND THE REMMRKING OF THE
　　WORLD ORDER》的日譯本（《文明の衝突》，鈴木主税譯，東京：集英
　　社，1998年8月），頁4。

・黃海區域、以上海爲中心的華東沿海地區、以廣州・香港・台北爲中心的華南沿海地區、韓國南部的慶尙南道、日本九州及東南亞各國。此海域的國家和地區的貿易或開發等經濟活動的盛行，國際化的持續發展，勢必成爲今後世界關注的地域。因此，環中國海經濟組織的設立固然是當務之急，而其共通意識和共同理念之文化素質的探求，將是維繫環中國海地域長治久安的重要課題。至於環中國海地域如何可能成爲二十一世紀世界經濟貿易的中心，又如何證成此海域的思想形態是以儒家爲主體而開展的問題，則以內藤湖南文明中心移動論的歷史循環規律、杭庭頓（Huntington）的東亞經濟發展帶動文化復興說、牟宗三先生「一心開二門」的思想體系爲根據的。茲論述於下。

一、理論根據之一：內藤湖南的文明中心移動論

內藤湖南以爲文化形成主要的因素是時與地，即文化的形成是與時代、地域有密切的關連。內藤湖南說：

> 文物者民族之英華、風土之果實也。或應其時而榮，譬猶櫻桃杏李之於盛春，桔梗、胡枝之於初秋。或因其壤而得宜，譬猶椰子、榕樹之蔭交於炎日之下，松杉檜柏之翠見於堆雪之中。❷

---

❷ 見於內藤湖南《近世文學史論》的〈序論〉，《內藤湖南全集》第一卷，東京：筑摩書房，1996年10月，頁19。《近世文學史論》的原名是「關西

即自然景物乃因循時序而顯其英華，又浸染風土而成長壯碩，自然
景物如此，人文的化成亦然。內藤湖南用「文物與時代」、「文物
與風土」的關係，分別敘述華夏文化因時代地域的差異而各領風騷
的情況。❸順隨著時代的變遷，其文化形態有所不同。至於文物與風
土的關係，乃由於中國幅員廣大，所表現出來的文化即有東西分殊、
南北別相的現象。內藤湖南又説由於時代與風土的結合，而形成人
文化成、文化薈萃的中心，至於文化中心的所在，又因爲各個時代
的政治、經濟等因素而有移動，即所謂的「文明中心移動論」。內
藤湖南是根據趙翼的「文化集中説」而提出「文明中心移動」的主
張。趙翼於所著《二十二史劄記》中提出「長安地氣説」，主張中
國歷代帝王大抵定都於長安，至唐天寶以後，長安地氣極盛而衰，
自始轉移至洛陽、梁、北京。但是內藤湖南以爲長安以前，洛陽匯
聚冀州的軍事力與豫州的經濟財富而爲三代政治文化的中心所在。
再者燕京雖爲明清以後發布政權的所在地，但是文化的中心則在江
南一帶。至於文化類型的形成是前後因襲相承的，如殷承夏禮，周
因商禮而形成儒家所尊崇的禮文。但是政治文化湊合的中心所在，
一旦衰微以後，再度復起的可能性就微乎其微了。要而言之，內藤
湖南以爲文化因時而異，因地而適宜，即文化的形成乃以時地爲經

文運論」，連載於明治29年（1896）的大阪朝日新聞，敘述德川時代三百
年間學術文化發展的大勢。其旨趣在論述德川時代的政治中心雖然轉移至
江戶，但是學術文化的發源地則在關西，即京都與大阪一帶。再就學術文
化而言，關西的學問不僅能與江戶分庭抗禮，甚且有超越江戶的所在。
❸ 內藤湖南的文化形成論，參拙著〈內藤湖南的日本文化論〉，《張以仁先
生七秩壽慶論文集》，台北：學生書局，1999年1月，下冊，頁771-774。

緯，而文化的中心所在又順隨著時代的推移而有所轉移。如中國三代以迄魏晉的文化移動方向是東西方向，南北朝以後則南北方向。再者文化中心一旦轉移，昔日的風光就難再重現。長安的文物鼎盛於唐代，長安文化即代表了唐代的文化，又處於東西文明交會的所在，故唐代的長安文化即是中國文明足以誇耀世界的象徵。但是今日的西安只是偏處西陲的一省都城，也無國際交流的要衝形勝之地位，昔日帝王紫氣象薈聚的錦繡文化既已不在，所謂長安也只是秦皇漢唐陵墓所在的歷史名詞而已。❹萌芽·開花·爛熟·落花的盛衰循環是自然界的常理，文化的發展亦有盛衰，然盛極而衰之後，就不再復甦了。換而言之，「文明再生不可能」是歷史的規律，而此規律不但能說明中華文明的發展軌跡，也足以說明世界文明的歷史發展。內藤湖南說：

> 希臘盛於Perikles之時，其後雖有曰亞歷山大王者固非純希臘人，其事業又止於攻伐。
> 羅馬之神聖帝國一崩壞，意太利之人力，不足復為歐州文明之中心。……埃及、印度、波斯、希臘、羅馬，相踵迭興，亦各以時而命之。❺

順隨時代的推移，文化中心的轉移，希臘、羅馬的文明相繼興亡。

---

❹　文明中心移動的主張見於內藤湖南《近世文學史論》的〈序論〉。內藤湖南的文明中心移動論，參見拙著〈內藤湖南的日本文化論〉，《同上》，頁774-776。

❺　《近世文學史論·序論》，《內藤湖南全集》第一卷，東京：筑摩書房，1996年10月，頁22。

十八世紀末期産業革命興起，科學技術的發達而近代西洋文明開花結果。十九世紀初期開始到二十世紀初期，英國、西班牙、葡萄牙等西歐各國以文明先進國的姿態遂行其改造原始落後地區的野心，競相以精銳發達的武力科技，掠奪海外市場，亞非各地先後淪落爲西歐各國的殖民地。在此一、二百年間，西歐勢力遍及世界各地。然而二十世紀中期以後，美國以雄厚的自然資源，薈集世界各國的優秀人才，開發尖端技術，以科技王國、世界經貿的據點，取代英國而成爲今日世界的主導地位。雖然如此，文化的盛衰循環、文明再生不可能之歷史發展果真是不變規律的話，繼十九世紀的歐洲、二十世紀的美國之後，以文明開化以來一百年而科技發達、經濟鼎盛，足與歐美各國並駕齊驅的日本和擁有廣大消費市場，且經濟成長率逐年上昇的中國沿海地區爲中心的環中國海地域，將成爲二十一世紀世界各國所矚目，甚至左右世界經濟貿易動向的所在。畢竟中國沿海地域的消費潛在能力、日本的科技與經貿的遂行經驗和東南亞的資源，是經濟發展的原動力。因此中國沿海地區、日本的九州、韓國慶尚南道、東南亞各國能超越國境，提供自身的利益，促進技術與物資的流通，進而締結環中國海經濟聯盟的組織，則環中國海地域勢必成爲今後世界經濟貿易的中心。

二、理論根據之二：杭庭頓的亞洲文化復興運動説

　　杭庭頓説：「東亞的經濟發展是二十世紀後半世界最大的事件。」

❻其理由是在世界經濟停滯不前的情況中,東亞大部分的國家在最近十年中始終維持著百分之八到十的經濟發展率,而且東亞對世界,或亞洲各國間的貿易額飛躍地擴大。特別是中國的經濟,由於一九九三年世界銀行斷言「中國經濟圈」是僅次於美國、日本、德國,而居世界第四位的經濟支柱,因此大部分的專家預測:中國的經濟在二十一世紀的初期,勢必成為世界最大規模的發展。由於以「中國經濟圈」為中心的東亞經濟飛躍發展的關係,形成了學習中國語言的熱潮與東亞文化復興的現象。杭庭頓說:

> 有史以來,世界語言的分布即反映著世界的勢力。使用最廣泛的英語、中國語、西班牙語、法語、俄語、阿拉伯語始終是擁有強大勢力而足以誇示於世的語言。⋯⋯德國統一以後,擅長英語的德國人在國際會議中使用德語的傾向逐漸顯著。受到日本經濟的刺激,即使不是日本人,也學習日本語。同樣地,由於中國經濟急劇發展,中國語的學習也形成當今熱潮。⋯⋯將來如果中國取代西歐成為支配世界的文明,中國語或將取代英語而成為世界共通的語言。❼

由於領土、人口、宗教、軍事、經濟等因素,世界各主要語言的使用狀況,正反映出該文化圈活躍於世界舞台的推移。繼十九世紀的西歐語言、二十世紀的英語之後,二十一世紀,因為中華文化圈經濟飛躍成長,世界交流的語言媒體或將是中國語。杭庭頓又說:

---

❻　同注❶,頁151。
❼　前引書,頁86-87。

隨著經濟發展，東亞各國毫不猶豫地強調自身文化的獨立性。甚至自豪地主張其價值觀、生活習慣較西歐及其他國家為優越。……一九九三年美國駐日大使Tommy Koh用「文化復興運動席捲亞洲全地域」來形容東亞各國的文化覺醒。……文化復興之所以蓬勃地發展，是因為亞洲各國不但強調自身有著固有的文化主體，並且強烈的意識著自身的文化不但是亞洲共通的文化，而且足以對抗於西歐文化。❽

杭庭頓接著又列舉亞洲各國領導階層的政治宣言，來說明東亞的文化復興運動的經緯及其精神價值所在。杭庭頓說：

二十世紀末，中國政治領導者與西歐社會學者，殊途同歸地主張儒學是中國發展的泉源。……台灣政府在一九九〇年代以後，以「儒家思想的繼承者」自居，李登輝總統以台灣民主化的根源即是堯、舜、孔子、孟子一脈相承的中國「文化遺產」。……李光耀以下的新加坡領導階層強調亞洲的擡頭，並以為自身成功的根據乃在是儒學為中心的亞洲文化價值觀。亞洲文化價值觀是建立在秩序、規律、家庭責任、勤勉、集團主義、質素儉約之上。……馬來西亞的首相亦以為以規律、忠誠、勤勉為主旨的日本、韓國的價值觀是促進亞洲各國經濟、社會發展的原動力。❾

二十世紀末，由於東亞經濟持續發展，引發亞洲人思考東亞經濟如何得以快速成長的原因所在。結果發現致使東亞經濟成功的「秩序、

---

❽　前引書，頁152-153。
❾　前引書，頁156-159。

勤勉、簡素」等精神即是以儒家思想為主體之儒家文化圈所固有的
傳統精神。換而言之，儒家文化圈的傳統精神即是亞洲經濟發展的
原動力，又由於經濟的長期維持景氣的原因，終於造成東亞文化亦
有足以與西洋文化抗衡的文化覺醒。

　　杭庭頓是根據經濟發展帶動文化復興運動之覺醒的觀點，來說
明東亞各國何以形成文化復興自覺的原因所在，進而指出儒家文化
圈特有的文化價值觀、經濟倫理觀念是維繫東亞經濟長期發展的重
要因素。果真如此，固有文化復興的覺醒是東洋共同的理念，或者
可以說是東洋共通的心。杭庭頓引述星馬領導階層所說的「秩序、
規律、家庭責任、勤勉、集團主義、質素儉約」的精神，則是固有
文化而濟用於當代社會之實踐性功能的所在。

三、理論根據之三：牟宗三的「一心開二門」

　　牟宗三先生說：《大乘起信論》的「一心」就是指如來藏自性
清淨心，也就是指超越的真常心；「二門」是生滅門和清淨門，生
滅門是感觸界，而清淨門則是智思界。就哲學發展的領域而言，這
個（「一心開二門」）有其獨特的意義，我們可以把它看成是一個有普
遍性的共同模型，可以適用於儒釋道三教，甚至亦可籠罩及康德的
系統。若將其當做形而上學的問題看，則此種問題即是屬於「實踐
的形而上學」（practical metaphysics），而不是屬於平常的「理論
的（知解的）形而上學（ immanent metaphysics ）。❿就以「致良知」

---

❿　　〈大乘起信論之「一心開二門」〉，《中國哲學十九講》，頁291-293，台
　　北：學生書局，1983年10月。

為例，「良知的一心，既開出德性這一門，又開出知識這二門，也就是道德宇宙與知識宇宙的合一，道德系統將知識系統涵攝於其中。『致』良知一方面是德行的致，一方面則是知識的致。」⓫但是王邦雄先生以為：

> 對康德來說，智的直覺專屬於上帝，人只有感觸直覺，將兩個主體錯開，所以他的哲學體系，只能說一心開一門，只開出感觸界的生滅門，卻沒有開出智思界的清淨門。……在一心開二門所展開的兩層存有論之下，由於認知心開不出，沒有獨立的地位，是以中國文化傳統也是一心開一門，僅能開出智思界的清淨門，卻開不出感觸界的生滅門。⓬

因此必須「由孔孟讓開一步到老莊」的「曲」，再「由老莊下來一步到荀韓」的「成」，「曲」是作用的放開，「成」是作用的建構，由孔孟到老莊的讓開一步，可以化解主體的執著，由老莊到荀韓的下來一步，可以開展客觀的規制。由此「曲成」的自我轉化過程，才能由中學的超越之體，開出西學的內在之體，再引進西學之用。王邦雄先生進一步地說：

> 牟先生的「一心開二門」的理論架構，正是回應時代而開展出來的。儒釋道三家的超越真心，自我轉化而為知性主體，知性主體就是西學的內在之體，再引進民主與科學的西學之

⓫　王邦雄先生〈論儒學客觀化的曲成問題——為「一心開二門」進一解〉，《國立中央大學人文學報》第五期，1987年6月，頁43。

⓬　前引文，頁44-47。

用，以建構現代化社會。**⑬**

王邦雄先生曲成牟宗三先生「一心開二門」的哲學體系，證成了以儒道為中心的中國思想既有超越的真心，又能開出道德主體與知性主體二門。本文即以此理論結構為前提，探究環中國海域以儒道為主體的思想形態，其例證則是日本的明治維新。明治初期政治改革派掌握政權，傾注全力於西歐技術、習慣、制度的引進實行，而促成日本的近代化。雖然如此，在近代化的過程中，也留意適用於當代之傳統文化的保存與施行。由於傳統文化的要素有助於近代化的完成，因此明治政府乃利用並改善傳統文化的要素而做為近代化的基盤**⑭**，進而遂行其近代化。明治政府的近代化意識是超越傳統體制的心的主體，西歐技術、習慣、制度的引進實行是知性主體的濟用，以傳統文化的要素為近代化的基盤則是道德主體之挺立。

四、環中國海地區的思想形態

從內藤湖南文明中心移動論所說的歷史循環的規律，Huntington經濟發展的觀點來看，環中國海海域有居二十一世紀世界中心地位的趨勢。雖然此海域的思想文化大抵是以儒家和佛教為主而開展的，而且此所謂的佛教，不是印度佛教而是中國化的佛教。因此環

---

⑬　前引文，頁44-47。

⑭　將忠孝的思想推進至忠君愛國（教育勅語），將家庭倫理的秩序觀擴充到社會結構與政治體制中，皆是傳統文化要素的利用與改善，以遂行日本近代化的例證。

中國海海域可以説是儒家文化圈，其思想形態則是以儒家爲主體而形成的。但是環中國海海域並非單一國家；而是包含著多數的國家、地區。此一海域的國家、地區都有其獨自的傳統思想，及以此思想而展開的文化形態。爲了因應世界潮流的趨勢，居於主導地位，則必須以牟宗三先生「一心開二門」的思想體系，開創環中國海海域獨特的思想形態。即以超越的真宰的主體意識，構築共存共榮的理念和展開經貿科技高度發展的連網。至於環中國海地域的思想形態則是以儒家的安仁忠信、道家的因是兩行、日本的惜物保有爲主體而架構的。

（一）儒家的安仁忠信

　　「仁」是儒家最高的道德，宋明儒以高遠的哲理闡述之；然則「仁」未嘗無內在於人，且爲安民實用之學而活用於世之義。日本江戶時代的儒者伊藤仁齋以爲《論語》是以道德爲中心的，所謂「道德」是人生活方式的指針，具有現實意義的。伊藤仁齋又以爲《論語》的內容都是平凡無奇而不離日常生活的，由於人的真實即在日常生活中，越「卑近」才越重要，正由於其平凡無奇，才顯出其偉大，故伊藤仁齋説：「愚斷以《論語》爲最上至極、宇宙第一書。」（《論語古義》綱領❶）如「老者安之、朋友信之、少者懷之」（〈公冶長篇〉）即是極其親近的言語，使年老的人能安享晚年，朋友能相互信賴，年幼的人能有所依怙，都是社會生活中日常性的課題，雖

---

❶　有關伊藤仁齋的《論語》理解，參考吉川幸次郎〈仁齋東涯學案〉，《仁齋・徂徠・宣長》，頁19-59，東京：岩波書店，1975年6月。

然極為平凡，卻是極其重要的人生問題。

　　龜井南冥一生學問大成於《論語語由》。其以為《論語》是孔子的言行錄，故《論語》所載孔子的言論不但是「語語必有由」（《家學小言》），而且都有其具體的狀況做為其敘述的背景，故要正確的理解則必須以「明聖語之所由出」（《同上》）為第一義。至於《論語》的內容，龜井南冥則以為是「聖‧活物活用之書」，不只是修身的教科書，為政者的參考書，而是孔子人格躍動之實際描寫的經典。換句話說，龜井南冥以為人格的養成只要根據《論語》即可圓滿具足。❻龜井南冥之子龜井昭陽論述《論語》的旨趣說：

> 子曰主忠信，而宋儒別創主敬之說，家言也。……普稽經籍，
> 忠信之教，合規前聖。而孔門無主敬之教。施之庠序，行之
> 邦家，則主敬不如忠信，固也。故我門不設多少條目，唯百
> 事以主忠信為教。唯是三字，終身用之有餘。（《家學小言》
> ❼）

　　宋儒以「主敬」為聖人之道，龜井南冥‧昭陽則以「忠信」為孔子思想的第一義，而做為龜井一門的座右銘。「忠」是內實的工

---

❻　荒木見悟〈龜井學の特色〉，《江河萬里流る》——甦る孔子と能古龜陽
　　文庫——，頁187-188，福岡：龜陽文庫‧能古博物館，1994年12月。

❼　《家學小言》一卷，收載於《龜井南冥‧昭陽全集》第六卷，福岡：葦書
　　房，1979年8月。關於龜井南冥‧昭陽父子的學問參考町田三郎〈龜井南冥
　　‧昭陽の生涯と學問〉，《江戶の漢學者たち》，頁63-81，東京：研文出
　　版，1998年6月，與拙著〈龜井昭陽の《家學小言》について〉，《町田三
　　郎教授退官記念中國思想史論叢》下卷，頁348-375，福岡：中國書店，1995
　　年3月。

夫，也是自立於社會的根本涵養。「信」是誠實的真心，是待人接物的基本要素。人人皆能內實其自身，又以誠實真心相對待，則調和的社會即有實現的可能。故龜井父子以「忠信」爲教授子弟的宗旨。

環中國海的各國家、地區皆各有其自身獨特的條件，如中國的經濟發展的可能性，日本的經貿、科技的先進性，東南亞的自然和人力資源即是。盡己所能地發揮自己的特長而至於無限的可能，則是忠的意義的發揚。信是建構調和的協力關係之基本理念，國際經貿外交的折衝，往往以自身的利益爲前提，而再三地展開交涉協商。若能誠意信實以相對待，則可化解彼此以利益爲優先而引起矛盾與衝突。仁者安仁，內實自身是愛己，推己及人是以己之所欲而及於人，是尊他愛人。境內之人人安樂共生以建構和諧的社會，以跨越國境之彼我共存共榮的理念而構築調和的國際社會，則是安仁的極致。

（二）道家的因是兩行

《莊子》雖是道家的著作，以其內篇的寓言中有借孔子、顏回敘述其重要思想，可以說與儒家的關係甚深。又在思想上，亦有祖述孔子思想的所在，如以「安」而展開的思想架構即是。《論語・里仁》有「仁者安仁」一語。《孟子・公孫丑上》說：「惻隱之心，仁之端也」，即以不忍人之心的良心的發動爲仁的發用。換句話說，仁既是道德的規律，也是安定社會的道德根源❸。「安仁」則是人如

---

❸ 遠藤隆吉《孔子傳》，東京：丙午出版社，頁176。

何在與社會全體的緊密關係中，盡己所能地發展個人與安定社會的道德行為。

《莊子·德充符》說：「不擇地而安之，孝之至也。……不擇事而安之，忠之至也。……知其不可奈何而安之若命，德之至也。」「命」是宿命，是人存在於世的必然的制約，是人力所不能改變的，人唯有「安時處順」的順隨安住而已。雖然如此，「因是」而安於宇宙萬物的自然，即是究極的人生。「因是」安順以事上，即是最善的忠孝。衍繹此義於彼此的對待，以「因是」皆可而相對待，即是和諧的人際關係。故《莊子》的「安命」，未嘗無以自身的良善架構自喻適志之社會的意義在焉。如是，孔子「安仁」與《莊子》「安順」的極致，皆在於以天賦本有的發用，而建構理想的社會。《莊子》雖沒有使用「忠信」的詞彙，卻也提倡盡己之善，而排除彼此是非之執著，以構築適意之生活空間的思想。如〈齊物論〉所說的「自喻適志」，「自」是指「常因自然」（〈德充符〉）、「因其固然」（〈養生主〉）的「自然」或「固然」的意思，即本來所有，不依任何他物而自力獨立的存在。以此本來所有的存在而生存於世，即是快意逍遙的理想人生。換句話說，莊子以為超越世俗規制的價值體系，以天生賦與的才能而終其天年，即是不受任何事物束縛之絕對自由而且圓滿的生涯。至於此圓滿自在的生涯如何而為可能，則是以〈齊物論〉的「和之以是非而休乎天鈞，是之謂兩行」為依據的。放下善惡之價值判斷，超越「我是彼非」之心知的分別，以安住於自然平衡之絕對唯一之「天鈞」的境界。如此則既無對立的本質，亦無絕對善惡的執著，既重視自身的存在，也尊重他人的存在，調和順遂之理想社會即有可能實現。人果能相忘於道術，就

可能像「魚相忘於江湖」，魚優遊於廣闊的江湖而體得真正解放自
得之樂，人生活於萬物齊同的世界而忘去一切人爲的造作，才是了
無拘束自由逍遙的境界。於萬物齊同之實存世界的自由自在的生
活，即是究極的社會形態。

環中國海域的各國家、地區放下自我優先之偏執的主體意識，
排除我彼優劣之心知的成見，而以兩行皆可之相共並存的意念爲共
識，則能架構達到均齊平衡的理想社會。

（三）日本的惜物保有

內藤湖南在所著《日本文化史研究（下）》[19]的〈日本國民の文
化的素質〉一節中説：鎌倉時代（1185-1333）到足利時代（1336-1573）
雖然是日本歷史上的黑暗時代；但是由於應仁之亂（1467-1477），
日本人創造出自身具有特質的文化，故應仁之亂是日本文化自中國
文化獨立而出的契機。

內藤湖南以爲目錄學不但是圖書分類、書目品評的學問，也是
擁有優良文化的證據。《本朝書籍目錄》是足利時代所編纂的圖書
目錄，從編目看來，有中國傳來的，也有日本固有的書籍，雖然未
能顯現出日本絕無僅有的獨特性，卻足以證明在混亂時代中，日
本人極盡可能地保存古來相傳的文化。[20]如一條兼良爲避免所藏的書
籍遭到戰火的焚燬，將充棟的書籍藏之於書庫。豐原統秋爲了家傳

---

[19] 《日本文化史研究》收載於《內藤湖南全集》第九卷，東京：筑摩書房，
1969年4月，亦有單行本（講談社學術文庫76、77）於1976年11月出版。

[20] 〈日本國民の文化的素質〉，《日本文化史研究（下）》，頁96-97，講談
社學術文庫77，東京：講談社，1976年11月。

的笙譜能傳諸後世而撰述《體源抄》一書。可見於擾攘之際，盡力保存古代文化之一端，是當時公卿士族共通的理念。在保存中華文物上，中國人也未必如此費心，就此意義而言，日本人竭盡心血以保存古來相傳的文化，因而得以傳之後世的文化就説是日本的文化。㉑再者知識技藝的傳授，固然是應仁亂後，公卿貴族用以糊口的手段，卻由於時代思潮的影響，形成日本獨特的文化。如神道的傳授，從奈良時代到平安時代的神代記事，並沒有哲學性的思考。到了鎌倉時代末期到足利時代之間所形成的神道，則用佛教的教義解釋《日本書紀》神代卷的記述，神道因而具備了哲學性的意義。如吉田家的神道即是。又由於吉田神道具有形上架構，吉田神道乃建立其權威性，即非得到吉田家的傳授就不是正統的神道。其他的技藝傳授，如和歌亦然。換句話説，由於尊敬專業性、正統性與權威性而形成所謂「某家」、「某道」，即「文化的權威」的觀念，是在應仁之亂前後的黑暗時代。㉒

　　在日本歷史的黑暗時代中，由中國傳入的文化喪失殆盡，但是由於當時文化階層人士竭盡所能地保存古來相傳文化，日本人也因此而擁有創造文化的要素，日本獨特的文化乃得以創生。換句話説，愛惜文物而善加保存的精神，是日本人創生文化的原動力。而此惜物以創生的原動力，正是今日人我共生、人與自然共存的基本精神，也是維繫社會結構的健全與自然生態平衡的原點。

㉑　〈應仁の亂について〉，前引書，頁73-74。
㉒　〈日本國民の文化的素質〉，前引書，頁98-100。

結語：東亞的普遍價值

　　杭庭頓根據經濟發展的觀點，以爲二十一世紀世界經貿的中心在東亞，而此一區域的課題是如何構築具有思想文化共識的經濟組織。雖然環中國海域的思想是以儒家精神爲主體而展開，故大抵皆具有勤勉、簡素的性格；但是彼此依然有文化的差異，再加上由於經濟利益的結合，即不免有主體意識的衝突與矛盾産生。因此，以普遍性的價值觀而構築協調性的體制，則是此地區的首要之務。在思想共識上，杭庭頓舉日本爲例說：明治維新期的日本人選擇了「脫亞入歐」的方向；但是傳統文化復興期的二十世紀末的日本人，則必須有「脫美入亞」的共識。因爲東亞經濟的成功即是道德性優越的證據，東亞道德之優越性即在於具有普遍性的價值觀，而此普遍性價值觀若能構築「亞洲的世界化」形態，則能成爲維繫世界新秩序的根據所在。❷❸然而爲何東亞地區具有「普遍性價值觀」，又杭庭頓所謂的「普遍性價值觀」到底爲何，東亞的思想形態又爲何，則是值得探究的課題。

　　東亞地區之具有「普遍性價值觀」的問題，可以用東洋文化形態的歷史發展的軌跡來說明。就東洋文化形態的歷史發展而言，內藤湖南提出了「螺旋循環狀」的文化影響論。內藤湖南以爲歷史的演進與文化形態的形成既不是直線式的，也不是圓環式的，而是螺旋狀循環式的。內藤湖南說：東洋文化的中心在中國，在黃河沿岸

---

❷❸　同注 ❶，頁157-161。

發芽的文化，首先延伸至西方，再到南方，其後由東北而蔓延至日本。由於中華文化的刺激，中國周邊各民族終於産生文化覺醒，其後周邊民族的新興文化又倒流到中國。此正向運動與逆向運動的反復循環，即是東洋文化形成的軌跡。❷換句話説，東亞文化是以中華文化爲中心而開展成的，故具有全體性和普遍性。就中國內部而言，中國古代思想的主流是儒家思想，儒家思想南傳，道家的莊子受到儒家，特別是孔子、顏回的思想或行誼的影響，而提倡以自身的良善架構自喻適志之社會的思想。就中日交流關係而言，儒家思想根植於日本社會之中，由「愛物」而産生的惜物保有的精神則中國所闕如的。至於「普遍性價值觀」與東亞的思想形態的問題，吾人以爲是儒家「安仁」與道家「安順」之極致發用的「和諧」❷及日本惜物而保有的精神。由於「和諧」的體得珍惜而長久保有，才能構築協調性的組織。

孔子的仁是發自骨肉之間的自然而且調和的情感，即道德的根本就在人的自身。全幅肯定此道德，以爲是人天生而有的是孟子的性善説。就此意義而言，以孔孟爲中心的儒家思想的主旨是在強調人的社會性的意義，人是與他人共存於社會而非獨立生存於世的，因此人際關係的諧調是絕對必要的。《論語・學而》説：「禮之用

---

❷　〈日本文化とは何ぞや（その二）〉，《日本文化史研究（上）》，頁25，講談社學術文庫76，東京：講談社，1976年10月。

❷　余英時先生説：「維繫自然關係的中心價值則是『均』『安』『和』。……均衡與和諧都是獲致的，而是必須克服重重矛盾與衝突才能到達的境界。」（《從價值系統看中國文化的現代意義》，台北：時報文化出版公司，1984年3月，頁82-84）可知「和」是中國文化價值的中心所在。

和爲貴」，禮的作用在於調和的追求，即秩序整然而且諧調的社會才是理想的社會。《孟子・梁惠王下》說：「君子不以其所以養人者害人」，「所以養人者」是指生養眾生的土地，爲了食糧或財產的取得而殘害百姓是君子所不爲的。土地再貴重，也是生養大眾的大地，爲了爭奪土地而犧牲人命是本末倒置的行爲㉖。以人際關係爲前提而無彼我是非善惡的紛爭，再推廣此義，以尊重彼此立場而消解民族對立、國際糾紛，則是「和」的究極意義。換句話說，「和」的究極意義不但是以調和的精神孕育出的共同社會之結合意識的倫理思想，同時也是泯除彼我的差別，進而產生人與自然共生的和諧思想。

東亞各國的文化雖然是以儒家思想爲主體而形成的；但是依然有其獨自開展而成的所在。在自身歷史文化的發展過程中，由於與鄰接國家的交錯，終不免會發生文化的衝突。雖然如此，杭庭頓說：今日世界有阻止文化、文明間衝突的必要性之認識逐漸提高，呼籲「文明化對話」以探索減少文化、文明差異之道，增進文化、文明的共通・融合性的互動是世界平和的重要課題㉗。若然，以「和」而開展出來的人與人共生、人與自然共存的思想則是環中國海地域的共同意識。就時代趨勢而言，今後環中國海的國家、人民緊密結合，構成一個國際社會是必然的走向，故此海域的國家、地區以「和」爲普遍價值觀，發揮自身之所長，並相互尊重彼此的存在的立場與

㉖　「仁」的解釋和以《孟子・梁惠王下》爲例證而說明「和」的意義，是參採金谷治《中國思想を考える》之說（東京：中公新書，1993年3月）頁35-37，頁59。

㉗　同注❶，頁2-3。

利益，即以「和」的精神所構築的共存倫理，增進有連帶感與親和感之共同社會意識，建立以共生共存之為環中國海地域經濟組織，則是當急之務。

發展：

就中日儒學的因革論台灣儒學現代化的取向

關鍵詞　螺旋循環史觀　禮俗制度化　民間講學　社會讀經
中國人文的重鎮在台灣

前言、台灣儒學的發展軌跡

　　1661年以來，台灣儒學發展可分爲鄭氏治台、清朝領台、日本據台、中國國民黨主政及台灣國民黨主政到今日等階段。鄭成功治理台灣，以安民養民爲要務，重用賢臣陳永華，實行經世濟民的政策。陳永華以「明君爲民治產」爲急務，於民富之後，建聖廟、興學校，以教育人才，鞏固邦本。❶探究鄭氏治台的儒學教育，其特質

---

❶　潘朝陽〈論台灣儒家政教傳統的創建──鄭成功的抗清與治台〉，《第一屆台灣儒學研究國際學術研討會論文集》下冊，頁359-387，台灣成功大學，1997年6月。

爲遠紹東林、取法幾社而成就經世濟民之道，更因地制宜，結合國子學與地方儒學，以期興學取士，風俗歸厚。❷

　　大清入主台灣，以清帝聖諭及朱子學爲主，遂行忠孝尊君的政策。康熙22年（1683），台灣府學設立，連橫《台灣通史》卷11〈教育志〉記載府學的教育主旨，乃在於「授以四子書，且讀朱子註，爲將來考試之資。」府學既以朱子學爲宗旨，其他縣學亦以之爲依歸。❸

　　1895年日本據台，其五十年間的殖民政策，蓋順隨國際情勢、日本政局演變、台灣社會變遷而有所更革。町田三郎先生以爲台灣總督的交替可反映日本對台灣殖民政策的推移。1895年到1918年的總督皆爲武官，由於台灣反對殖民統治的勢力尚存，故採取武力鎮壓政策。1918年到1937年的總督皆爲文官，適值第一次世界大戰戰後，民權思潮風靡全球，日本國力急速提昇，對台政策則轉爲「內台一如」的同化政策。1937年到1945年的總督皆爲武官，日本入侵中國，對台施行強硬的「皇民化」政策。❹

　　清朝的教育施設有府縣儒學、書院、義塾等「官學」和社學、民學（又稱書房）的「鄉學」，在清朝漢學發展上，扮演著極其重要的角色。日本據台以後，推行「同化」與「近代化」政策，於1898年7月和11月先後頒行「台灣公學校令」、「書房義塾規定」，府縣儒學全遭廢絕，書院和書房也逐漸式微。1937年中日交戰，在台實

---

❷　宋鼎宗〈明鄭時期的台灣儒學研究〉，《同上》下冊，頁405-406。

❸　宋鼎宗〈清領時期的台灣儒學思想〉，《第二屆台灣儒學研究國際學術研討會論文集》，頁129-130，台灣成功大學，1999年12月。

❹　町田三郎先生〈《東閣倡和集》試論〉，《同上》，頁570。

施行「皇民化」政策，1943年推行義務教育後，私塾全面廢止。雖然如此，在日據時期中葉，即大正初期，或由於鼓勵儒教有助于強化對日本統治者的精神效忠，儒教團體所提倡的道德復興與日本政府的立場相吻合，日本政府乃贊同台灣傳統士紳文人宣傳儒家道德，鼓吹漢學振興的「儒教運動」。當時的台灣儒教團體包含祭孔委員會、文社、詩社、書院、書房及宗教團體。台灣的儒教運動與漢學振興的思潮一時盛行。❺

1945年中國國民黨主政台灣之後，由於經濟成長與政府的提倡，教育與學術研究勃興。戰後五十年台灣儒學研究的情形，大抵可分為以孔孟學會和中華文化復興委員會為主的「官方儒學」；以文化傳統和歷史背景為主，探索儒家思想的內涵及其發展的「歷史學的儒學」；開展中國哲學，接續中國文化的「新儒家」❻；以社會科學本土化運動為主旨的「社會科學的儒學」及宗教團體之復振傳統文化的「宗教性儒教」。至於此五十年間台灣儒學研究的共同特徵，黃俊傑說是對中國文化的認同與對中國大陸變局的關心。❼1990

---

❺ 宋光宇·李世偉〈台灣的書房、書院及其善書著作活動〉，《第一屆台灣儒學研究國際學術研討會論文集》下冊，頁1-24，台灣成功大學，1997年6月。

❻ 新儒家的宗旨，參王邦雄先生〈《鵝湖》心路七年〉（《鵝湖》85期，1982年7月）。

❼ 黃俊傑〈戰後台灣關於儒學思想的研究〉，《戰後台灣的教育與思想》，東大圖書公司，1993年1月，頁280-311。至於宗教團體之復振傳統文化的「宗教性儒教」亦為現代台灣儒學研究之一枝，則是鄭志明的主張，見〈台灣儒學本土化的發展方向〉，《第二屆台灣儒學研究國際學術研討會論文集》，頁662，台灣成功大學，1999年12月。

年代，台灣的經濟持續發展，民主政治逐漸成熟，尤其是1996年李登輝當選民選總統，1998年馬英九當選台北市長，2000年陳水扁當選總統，所謂「新台灣人」的「台灣意識」高昂，「台灣國民黨」取替「中國國民黨」，民進黨成為台灣的執政黨的民主化與認同「台灣文化主體」的文化自覺，將構築二十一世紀台灣的新時代。❽亦即台灣五十年來的興革，導致經濟穩安成長，政權平和轉移，而教育普及與學術振興的結果，形成如王邦雄先生所説的「小台灣而大中原」的態勢。針對成為學術文化領域而為人所探究討論對象的「台

---

❽ 中島嶺雄〈民主化と「認同」で新時代へ〉，《朝日新聞》2000年5月12日。黃錦鋐先生説「台語復興」一語的時代認識差異，也可以反映其中的機微。1950年前後「台語復興」的主旨是在於國語（北京語）的推行，即以台語作為認識北京語的媒介；但是90年代後期的「台語復興」，則銳意於台語語言文字的具象化，藉以成為台灣的母語。至於經濟、政治等因素而造成文化主體認同的情形，則有杭庭頓的「東亞文化復興説」。杭庭頓説：隨著經濟發展，東亞各國毫不猶豫地強調自身文化的獨立性。甚至主張其價值觀、生活習慣較西歐及其他國家為優越而引以為自豪。……台灣政府在一九九〇年代以後亦以「儒家思想的繼承者」自居，李登輝總統則以台灣民主化的根源即在於堯、舜、孔子、孟子一脈相承的中國「文化遺產」。……李光耀強調亞洲的擡頭，並以為自身成功的根據乃在於以儒學為中心的亞洲文化價值觀。（Huntington所著《THE CLASH OF CIVILIZATIONS AND THE REMAKING OF THE WORLD ORDER》的日譯本《文明の衝突》，頁151-159，鈴木主税譯，東京集英社，1998年8月）即二十世紀末，由於東亞經濟持續發展，引發亞洲人思考東亞經濟如何得以快速成長的原因所在。結果發現致使東亞經濟成功的「秩序、勤勉、簡素」等精神即是以儒家思想為主體之儒家文化圈所固有的傳統精神。換而言之，儒家文化圈的傳統精神，即是亞洲經濟發展的原動力，又由於經濟的長期維持景氣的原因，終於造成東亞文化亦有足以與西洋文化抗衡的文化覺醒。

灣」，在新時代的未來發展方向之論述上，黃光國從社會學的觀點，提出吸收西洋文化的精華，研究自我文化的變遷，促成文化體系的理性化，並在變遷中保有文化的自我認同的主張。❾鄭志明與林安梧則以「返本開新」的儒學體系分別主張「轉邊陲爲自在，轉運動爲創意，以開拓台灣儒學自在融通的主體性格」和「在公民社會中，以社會公義爲中心重開內聖之學」。❿日本東洋文化學者內藤湖南（1866-1934）的「螺旋循環史觀」指出，就中原文化的母體的中國而言，日本雖是周邊地區，但是受到中華文化的刺激，日本也產生文化的自覺，形勢獨特的文化。筆者擬根據內藤湖南的「螺旋循環史觀」的理論，就日本傳統儒學的特質與台灣新儒家所開展的儒學進路二者的因革取捨，論述台灣儒學現代化發展的取向。

一、內藤湖南的「螺旋循環史觀」及日本文化的特質

（一）內藤湖南的「螺旋循環史觀」

內藤湖南以爲歷史的演進與文化形態的形成既不是直線式的，

---

❾ 黃光國〈論儒家文化傳統的社會科學研究〉，《第二屆台灣儒學研究國際學術研討會論文集》，頁197，台灣成功大學，1999年12月。

❿ 鄭志明〈台灣儒學本土化的發展方向〉，《第二屆台灣儒學研究國際學術研討會論文集》，頁662，台灣成功大學，1999年12月。林安梧〈從外王到內聖：以社會公義論為核心的儒學──後新儒學的新思考〉，《第二屆台灣儒學研究國際學術研討會論文集》，頁610，台灣成功大學，1999年12月。

也不是圓環式的，而是螺旋狀循環式的。**⑪**所謂「螺旋狀循環」是説歷史發展與文化互動，是歷史文化的發源中心向外緣周邊地區伸展的正向運動，與外緣周邊地區向發源中心復歸的逆向運動的往復循環現象。就中國歷史的發展而言，三代到西晉是中國文化向外擴張的時代；五胡十六國到唐代中葉，則是周邊各民族逐漸強大，其勢力漸次地威脅到中原。到了唐末五代，外族的勢力則到達頂點。宋元明清以迄現代也是中心向周邊與周邊向中心的反復循環。再就文化的移動與影響而言，中國的文化創始於黃河流域，其後文化的中心則逐漸轉移至長江中、下游，甚至廣東一帶也人才輩出，獨領風騷於當世。日本始終受到中華文化的影響，直到明治維新，全盤西化而富強，東瀛文化乃傳播到中國各地。因此，內藤湖南説：東洋文化的中心在中國，在黃河沿岸發芽的文化，首先延伸至西方，再到南方，其後由東北而蔓延至日本。由於中華文化的刺激，中國周邊各民族終於產生文化覺醒，其後周邊民族形成了新興的文化，又逆流回到中國。此正向運動與逆向運動的往復循環，即是東洋文化形成的歷史軌跡。**⑫**

世界上任何一國的國民都抱持著自身文化古老悠久或先進優越性，即所謂「自發性文化」的想法，日本自然也不例外。特別是明治時代以來，隨著政治安定經濟發展而國力強大的情勢影響，大日本主義的思潮高漲，所謂日本文化「自發性」的論調成為當時學術

---

⑪　「學變臆説」，《內藤湖南全集》第一卷，頁351-355，東京：筑摩書房，1970年9月。

⑫　內藤湖南〈日本文化とは何ぞや（その二）〉，《日本文化史研究》（上），頁25-32，東京：講談社學術文庫76，1987年3月。

界的共識。民間大眾也認同於日本文化悠久優越性的主張。但是內藤湖南則以爲除了埃及、印度、中國等世界文明發源的少數幾個國家以外，所謂文化自發的情形是不可能存在的。日本並非沒有形成文化的素質，或可稱之爲「文化雛型」，但是日本文化的雛型也只不過是渾沌狀態而已，在經過中國文化的點化刺激，進行分解結合以後，才凝聚成粗具形式的日本文化。換句話說，內藤湖南以爲日本文化的形成是外發性的，如果說日本的文化雛型是豆漿似的存在，則中國文化就是「鹹鹽」**⑬**，而日本式東洋文化形態就是豆腐。亦即由於受到一如點化劑存在的中國文化的催化，日本文化的雛型才凝聚成日本式的東洋文化。即內藤湖南以爲日本文化的形成是外發性的，而其主要的助力是中國文化。雖然如此，始終受到中華文化影響的日本，直到明治維新，全盤西化而富強。中國的留學生乃湧入日本，探索日本致富圖強的原因，汲取日本化的西洋新知，進而在中國各地傳播東瀛文化。換句話說，內藤湖南以爲東洋歷史的發展與文化形態的形成是螺旋狀循環式的。東洋文化的中心原本是在中國的，中國周邊的民族普遍都受到中華文化的影響，但是始終吸收中華文化的周邊民族終究產生文化自覺，即創造自身獨立的文化，而後周邊民族的文化也匯入了中國。

（二）日本文化的特質

　　日本文化的特質，其一在於外來文化的吸收與融合，即所謂的受容到變容，而普及於庶民，其二是文物的保存，以維持東洋的傳

---

⑬　收載於內藤湖南《先哲の學問》，頁62-90，東京：筑摩書房，1987年9月。

統，其三是禮文的制度化，而持續實行。

1、庶民化。

儒學本源所在的中國大陸與受其影響的朝鮮半島和日本皆接觸了歐美近代文明，而其對應則有所差異。其原因之一是儒家文化於各個地域所展現的性質或發揮的機能有所不同。日本於儒學的接受與流傳的過程中，大抵與中國有不同的理解，這對中國人來說或許是變質，但是卻具有日本獨特的性格。如《天工開物》一書，在清朝幾乎不受到重視，在同時代的日本則廣被研究。辻達也說：形成日本獨特性格的原因是日本近世有其特殊的時代背景。日本的近世是開啟近代創立統一國家權力的形成期，同時也是自中華文明獨立而出的時期。在新的統一國家成立之際，日本的傳統文化和外來異國文化皆浸透並安住於廣大的民眾階層之中，進而形成基盤穩固的「日本式的」文化。從知識需求的角度來說，由於社會、經濟的安定，即使是下層階級的民眾，對知識教養也有強烈的追求欲望，因此形成超越封建身分制度的知識的市民階層。日本近世的文化非由王侯貴族所主導保有，也不單是都市豪商所代表的文化，而是普及於庶民階層的大眾文化。❶換句話說，教育普及於民間，文化落實於

---

❶ 辻達也《江戶時代を考える》，頁179-181，中公新書，1990年9月。日本文化自中國獨立而出與日本教育普及一事，內藤湖南則以為在應仁之亂（1467-1477）之後，即形成了。內藤湖南說：足利時代的教育對象是武士為主，到了德川時代則有以庶民為主的教育出現。其代表的書籍是《商賣往來》。《商賣往來》雖以「往來」為名，內容則非往復文書；而是首尾一貫的單篇文章。前後只有一千多字而已，簡明扼要地敘述商人所必備的

廣大群衆是形成日本近世文化的根本要因，即庶民化是日本文化的原點。由於擁有一般知識水平的族群比率甚高，才能形成以切合實用爲前提的文化取捨之理念，此爲日本接受外來文化的基本形態。因此明治維新時，才能順理成章地形成既能接受西洋近代文明，又能維持傳統優良文化之「文明開化」的近代化。辻達也又説：「和魂洋才」並非一朝一夕而成的，乃是十七世紀後半，朱子學在日本確立其正統地位以來，既已出現融合朱子學與漢唐訓詁學折衷主義，其後折衷學成爲學術的主流，形成經驗性實證的學問重於觀念性道德哲學的風潮。於是採彼之長而補我之短，東洋道德與西洋藝術表裏兼賅的文化形態乃成爲可能。❺

2、文物保存的精神

日本在保存文物的精神，由內藤湖南舉應仁之亂（1467-1477）時，當時的公卿士族如何保護文物的歷史事實之敘述，可以窺知一二。內藤湖南説：

知識、道德、趣味等。此書的刊行，乃是日本教育完全普及的象徵。就日本教育發展的歷史而言，以國語爲主教育始於《庭訓往來》，而完成於《商賣往來》。從《新撰字鏡》到《商賣往來》的發展，可以看出日本一千三、四百年間的教育史，即由接受中國文化到發展自身文化，以仰賴中華文化的教育到以自身獨立的文化爲教育，由以貴族爲主的教育而普及到庶民階層的教育的軌跡。換句話説，通過日本歷代所使用的教科書的探討，也可以理解日本教育有由仰賴中華文化到以自身獨立文化爲教育基準的轉型，而此一轉變的關鍵時代則是應仁之亂。（内藤湖南〈日本文化の獨立と普通教育〉，《日本文化史研究》下，頁125，講談社學術文庫，1985年11月）。
❺ 前引書，頁181。

目錄學不但是圖書分類、書目品評的學問，也是擁有優良文化的證據。《本朝書籍目錄》是足利時代所編纂的圖書目錄，從編目看來，有中國傳來的，也有日本固有的書籍，雖然未必能顯現出日本絕無僅有的獨特性，卻足以證明在混亂時代中，日本人極盡可能地保存古來相傳的文化。如一條兼良為避免所藏的書籍遭到戰火的焚燬，將充棟的書籍藏之於書庫。豐原統秋為了家傳的笙譜能傳諸後世而撰述《體源抄》一書。可見於擾攘之際，盡力保存古代文化之一端，是當時公卿士族共通的理念。在保存中華文物上，中國人也未必如此費心，就此意義而言，日本人竭盡心血以保存古來相傳的文化，因而得以傳之後世的文化就說是日本的文化。❶

應仁之亂雖然是日本歷史上的黑暗時代；當時的貴族士人卻竭盡所能地保存古來相傳的文物，或可能失傳的文化與技藝，因此應仁之亂可以說是日本獨特文化形成的時代。至於盡力保存古代文物，不但是當時公卿士族共通的理念，也是日本古今相傳而形成其文化精神的特質之一。如文化財維護法（有形）、人間國寶（無形文化財）的制定與施行，皆可顯示其保存傳統文物的精神。

3、禮文的制度化而化民成俗

一般而言，日本的中世是「佛教時代」，而近世則是「儒教時代」。自德川幕府以朱子學為其政教施行的根據，以儒家倫理維繫

---

❶　內藤湖南〈應仁の亂について〉，《日本文化史研究》（下），頁73-74，講談社學術文庫77，1985年11月。

其幕藩體系以來，於社會、政治、宗教的論述，如「武士道論」、「經世濟民論」、「大義名分論」、「儒家神道」等，無一不與儒家思想有極大的關連。至於孝悌里仁信義守禮的政令施行，更有助于儒家教化之理想的實踐。享保六年（1721）德川吉宗命荻生徂徠、室鳩巢訓解《六諭衍義》❶而作《六諭衍義大意》，不但以之爲學校教育的規範，並模倣明太祖命老人持木鐸唱讀「孝順父母、尊敬長上、和睦鄉里、教訓子孫、各安生理、毋作非爲」的「六諭」於里巷之間，以爲教化民眾之資。至明治初年，《六諭衍義大意》依然是寺子屋教授生徒的教材。至於今日日本各地舉行的各種「祭り」（即廟會、祭典），其本意或爲振興地方商業活動，卻含有保有鄉土文化與凝聚鄉土情懷，孕育愛鄉愛土的深遠意義。昭和二十三年（1948）沿襲舊制而制定的「關於國民節日法律」，其中的成人節（原爲1月15日，今改爲1月第2個星期一）、春分（3月21日）、「鯉のぼり」（兒童節、5月5日）、敬老節（9月15日）、秋分（9月21日）及民間活動的「雛祭り」（女兒節、3月3日）、端午節、七夕、中元節等，雖然淵源於中國，至今依然制度化地實踐於日本社會。❶探究其禮儀制定的因緣，則寓含著化民成俗的深遠意義。如二十而成冠禮，以責求其社會的責任與義務。「鯉のぼり」由祖父母送給孫子，既有薪火相傳的含義，亦有「鯉躍龍門」的寄望。至於春秋的祭掃，中元的祭祖拜神，重陽的敬老尊賢，則有民德歸厚的教化功能。❶換句話說，以形式保有實

---

❶　《六諭衍義》爲明范鋐所撰，以俚俗之言和警世之詩，簡明地解說明洪武三十二年（1399）太祖頒行的「六諭」。

❶　柳田國男《年中行事》，《定本柳田國男全集》13，筑摩書房，1963年。

❶　昭和天皇的喪禮是倣宋代禮制，皇太子的婚禮亦淵源於中國古禮，皆轉化

質，進而普遍實行以化民成俗，是日本文化的特質之一。

二、台灣新儒家所開展的儒學進路

新儒家開展戰後台灣儒學的新面貌，《鵝湖》於儒學的闡揚與傳播，則最是台灣新儒家的學術研究與社會實踐的典型。《鵝湖》創刊於1975年7月，其宗旨爲「在時代知識的脈絡中，探索宇宙人生的真諦，以肯定人生的意義與價值；促使中國傳統所持重的道德精神普及於今日，鼓舞人類依據德性，融合學問於生命之中；以我們的真情實感，來重新接上文化傳統的真精神，運用現代的表達形式，爲這一漂盪的時代樹立一精神基柱，完成我們這一代必須完成的使命和責任。」[20]《鵝湖》的成立，乃具有儒家的生命和道家的智慧。王邦雄先生說：「（鵝湖）朋友學問各有專長，也各有偏好，……大家聚在一起自會有說不完的話，難得的是感情這麼融洽，誠可謂道並行而不相悖，雖殊途而亦同歸。問題在中國哲學的開展，中國文化的接續。……遂有創刊哲學性雜誌的構想，也爲了這是中國與西方，傳統與現代接通會合的園地，故以朱陸會面論學之地的「鵝湖」爲名，一者紀念前賢盛事，二者藉以警惕自勉。」[21]二十五年來，《鵝湖》所代表的新儒家的活動，是以牟宗三先生所說的：以「大情感」恢弘吾人之生命，展露價值之源與生命之源；以「大理解」疏導問

爲日本的文化，至今依然行禮如儀而不墜。

[20] 〈鵝湖精神之重建〉，《鵝湖》創刊號的發刊辭，1975年7月。

[21] 王邦雄先生〈「鵝湖」心路七年〉，《鵝湖》85期，1982年7月。

題之何所是與其解答之道路❷的文化認同與存在感受，作爲安身立命的價值根源，自覺地以繼承往聖先哲慧命的歷史意識與對傳統文化的敬意❷，而以「究天人之際」的天道性命問題，「通古今之變」的傳統和現代化問題和解決中西文化問題之「成一家之言」爲學術研究的終極理想。❷

　　台灣新儒家所致力維繫的是存在認同、文化認同與秩序認同，❷其最顯著的活動是感受時代的學術研究與對應社會的教化實踐。民間講學的施行與讀經運動的提倡，即具體的發揮其社會關懷、文化省思的功能。在校園講壇的傳授，雖然是薪火相傳，培養人才，以固邦本的大業；但是學術走向社會，以哲學的思考探究人生問題，提供人文的省思，使民眾涵養文化共同體的認同歸屬，其社會教化之機能實踐的歷史意義就更爲深遠了。王邦雄先生是台灣當代新儒家代表的學者之一，其《緣與命》、《再論緣與命》、《向生活說話》、《當代人心靈的歸鄉》、《人間道》、《世道》、《21世紀的儒道》等，以人文化成的哲學慧命，心靈虛用的生命理境，爲傳統文化立心，賦予對應現代社會之新的生命力的系列著作，大抵爲民間講學之講稿的編輯，而洛陽紙貴爲社會一般大眾所樂讀。此意味著通過新儒家深入淺出的古典新詮釋，台灣人文教養的新生泉源

---

❷　牟宗三先生《五十自述》，頁129，鵝湖出版社，1989年1月。

❷　袁保新〈《鵝湖》二百期記感〉，《鵝湖》200期，1992年2月。

❷　王邦雄先生〈追隨大師的腳步〉，《鵝湖》240期的「鵝湖論壇」，1995年6月。

❷　江日新〈鵝湖學園與台灣當代新儒家的精神史形貌〉，《第一屆台灣儒學研究國際學術研討會論文集》下冊，頁215，台灣成功大學，1997年6月。

逐漸根植於民間，儒學也發揮其主導文化走向的教化功能。

　　戰後台灣的讀經運動是在1994年1月，由王財貴策畫，於華山講堂成立「讀經推廣中心」，鼓勵兒童讀經。當時參加的兒童約有百名，由於讀經具有提昇語文能力，涵養性情，又在王財貴大力提倡下，❷至1998年12月既已超過一百萬人。王財貴說：由於讀經教育的理論合理合情，其所持的文化信念是親切開放，其志願是溫厚而恢宏，又能使「記憶力」與「理解力」均衡發展，故讀經教育的推廣極有成效。持續發展此具有普及力的活動，不但能提昇教育的品質，更能底定民族歷史文化之傳承與重建的基礎。❷換句話說，由於讀經風氣的形成，儒學文化普及於社會各個階層，進而化民成俗，文化的慧命則能深遠流傳。

三、就中日儒學的因革論台灣儒學現代化的取向

　　日本儒學的特質在於庶民化、文物保存的精神與禮俗制度化，即使明治維新全盤西化的時代，尚能維繫其傳統文化的精髓。此西洋科技與東洋文化兼容並蓄的文化傳統持續至戰前。戰後日本雖依然遵行其禮文制度；其立禮的涵義卻逐漸為人所淡忘。經濟優先、

---

❷　王財貴自1994年以來的四年間，為推廣兒童讀經，到各地講演五百多次，因此社區、宮廟寺院、學校、行政地區等都有「讀經班」的設立。見王財貴〈台灣的讀經運動〉，第三屆大學通識教育國際研討會「大學通識教育中的中國文化經典」，1998年。

❷　同上。

科技第一而文化其次的結果，即使政府提倡教育改革，依然無法挽回人文教養日趨微薄的事實。至於研究中國學的學者或許是維持江戶時代古義學派政教分離而專事學問的傳統，也或許是不屑明治期東京部分學者依附政府，致使學術淪爲政治的附庸的學問形態，❷甚少以社會關懷和社會教化的實踐爲其職志。金谷治先生強調對現代有強烈的關心是中國學者共同的傾向，這是中國人的傳統，也是中國思想的特色。❷此正可以透露出戰後日本中國學者對現代社會漠然無關的消息。

　　戰後的台灣維繫了中國傳統文化，除了官方宰制性的儒學以外，民間也有知識階層的理論建構與社會實踐和宗教團體振興傳統文化的活動，對中國傳統文化和台灣儒學繼承發展，作出了極大的貢獻。❸特別是1975年以來，台灣的新儒家更開展了儒學的進路。然而面對21世紀的新局勢，新台灣人應如何開展新的人文化成，以發揮主導社會文化走向，建立返本開新的台灣文化，則是當急之務。關於台灣儒學的現代化取向與發展課題，王邦雄先生說：民國以來新儒學的三大課題在探討天道性命、傳統與現代、中西文化的問題。但是面臨新的情勢，當代新儒學的課題乃轉向「父子兩代的傳承問題、兩岸中國的統獨問題與男女兩性的互動問題。假如當代新儒學

---

❷　坂出祥伸〈中國哲學研究の回顧と展望──通史を中心として〉，《東西シノロジ──事情》，頁17-55，東京：東方書店，1994年4月。

❷　金谷治先生〈中國の傳統思想と現代〉，《中國思想を考える》，頁3，中公新書，1993年3月。

❸　鄭志明〈台灣儒學本土化的發展方向〉，《第二屆台灣儒學研究國際學術研討會論文集》，頁662，台灣成功大學，1999年12月。

不再能對應這三大問題來進行思考，給出關懷，並尋求解答，儒學將失去主導文化走向的教化功能。」**㉛**相對於中國大陸的封閉和鄰國日本的漠然而言，知識分子關懷時代，而且能提出具有文化慧命的理論架構是台灣新儒學的特質。以台灣鄉土文化建立人文心靈和文化理想的新中原**㉜**，進而以台灣爲儒學文化中心，對世界發出「中國人文的重鎮在台灣」**㉝**的訊息，或爲台灣儒學現代化的取向之一。換句話說，文化心與鄉土情是創造台灣文化的原點，而恢宏小台灣而大中原之「文化中國」**㉞**的文化主導理念，既是台灣新儒學安身立命的所在，也是台灣文化慧命傳承的終極理想。至於文化心的涵養與鄉土情的凝集，或可取徑於日本禮俗制度化、儒學教育普及庶民與台灣新儒家民間講學、讀經運動之推行。換句話說，追溯台灣儒學發展的歷史，體認台灣社會風氣與國民性的長短所在，以行政的引導輔成來構築立禮而知義，富而好禮的社會，即以制度化保存鄉土情懷的實質；宏揚民間講學和社會讀經的運動，普及儒學文化教育於社會各個階層，則是台灣新儒學的具體實現之道。

　　從台灣儒學文化傳統來看，台灣的社會文化與台灣的國民性，始終是穩安成熟和浮華暴戾交替相存的。鄭氏治台時期，實施德法

㉛　同注**㉔**。

㉜　王邦雄先生〈在神本與物本之間的人文精神〉，《人生的智慧》，頁162-163，幼獅文化事業股份有限公司，1999年2月。

㉝　王邦雄先生〈建立第二家鄉的觀念〉，《人生的智慧》，頁173，幼獅文化事業股份有限公司，1999年2月。

㉞　「文化中國」一詞見於傅偉勳《「文化中國」與中國文化》，東大圖書公司，1988年；杜維明〈「文化中國」初探〉，《九十年代》245期，1990年。

並行的政策，社會呈現路不拾遺，夜不閉戶的昇平氣象。清廷入主台灣，漢文化社會迅速地形成，雖有博文約禮的常規教化風俗；而富足浮華和貧困暴戾的社會風氣亦同時並存，又由於官吏綱紀敗壞，民變和械鬥與清世相始終。❸日本據台，法制森嚴，社會治安大抵依循常軌。戰後台灣則是文明與狂飆並在。就負面而言，危懼苟安，思變改異是台灣社會的悲情；就正面而言，獨特豐富的多樣性與處於逆境而不屈的柔軟性，❸則是自歷史鍛鍊而出的台灣文化的結晶，也是台灣人良善性格的一面。要化暴戾為祥和，轉化苟安思遷的心理而成為長久共存的理念，則需要制度化本土的禮俗，結合鄉里祭典與民間的文化活動，更以政令輔成而持續施行，或能實現富而好禮的社會，化成安鄉重土的鄉土情懷。至於人文心靈和文化理想的涵養，則有賴於民間講學的遂行和社會讀經風氣的形成，而文化事業的關注助成，行政機構的獎勵提倡，就更能彰顯其成效。王財貴說：台灣全民讀經運動的推行，若能成立相關的學會或基金會，其推廣活動將更具有客觀性與永續性；組織各地「讀經教學輔導團」，使推廣更普及化、深層化；促請政府將讀經教學編入課程、納入體制；進而以台灣的經驗推廣到海外華僑社會和中國大陸，到達「有中國人的地方就有人讀經」的情況，❸這樣的「文化中國」才是真正的禮義之邦。「中國人文的重鎮在台灣」，以台灣鄉土文化建立人文心靈和文化理想的新中原的歷史意義就在於此。

---

❸ 潘朝陽〈康熙時期台灣社會區域與儒學理想〉，《第二屆台灣儒學研究國際學術研討會論文集》，頁238-257，台灣成功大學，1999年12月。

❸ 李登輝《台灣人的主張》，頁35，遠流出版事業股份有限公司，1999年6月。

❸ 同注❸。

結　語

　　由於經濟穩安成長，市場廣大，人力資源富足，環中國海經濟縱軸線，❸將是21世紀世界各國注目定所在。杭庭頓就是根據這個地區的經濟潛力的情勢，呼籲日本的經濟政策宜由「脫亞入歐」轉為「脫美入亞」。❸杭庭頓又指出：順隨著經濟發展，也刺激環中國海的國家及地區傳統文化的復興與整體傳統文化的認同。至於適應於21世紀的環中國海的文化形態，則是明治維新近代化與保存傳統並行的模式。❹以電腦網路通信資訊技術，帶動經濟發展的「ＩＴ革命」❹，將是今後世界科技發展與經濟貿易的趨勢。但是電腦網路全幅依賴所造成的人的心靈空虛、感情淡薄與人際關係的疏離，又是人文世界的憂患所在。解決此人文危機的對策，則在於結合日本近世以來以禮俗制度化，教化及於庶民的實際功能和戰後台灣新儒家感受

---

❸　有關環中國海域的文化形態，參考連清吉〈環中國海地域以儒家為主體的思想形態〉，《經學研究論叢》第七輯，頁317-330，學生書局，1999年9月。日文稿〈環シナ海地域の文化形態──中國と日本の思想・文化を中心にして〉則刊載於《長崎大學總合環境研究》第2卷第1號，頁39-50，1999年12月。

❸　Huntington《THE CLASH OF CIVILIZATIONS AND THE 　REMAKING OF THE WORLD ORDER》的日譯本《文明の衝突》，頁157，鈴木主税譯，東京集英社，1998年8月。

❹　同上，頁154。

❹　就日本而言，「ＩＴ革命」是日本森喜朗的第二次內閣為復甦日本的經濟，提昇日本經濟在世界的競爭能力，而提出的主要施政方針。

時代，關懷社會而講學民間，提倡社會讀經之返本開新的儒學開展。
ＩＴ（資訊技術）的日新月異與推廣普及，是經濟持續安定成長而厚
植國力的當務之急。禮俗制度化是以形式保有實質而達到化民成
俗，富而好禮的儒學教化功能。民間講學的人文傳播，在使社會大
眾認識其安身立命的所在，而社會讀經的普遍化，則能提昇社會文
化的人文素養。因此禮俗制度化而化民成俗是「鄉土情」的根植，
講學民間和社會讀經的慧命傳承是「文化心」的涵養。「鄉土情」
的凝聚得以溝通人我，化解人際的疏離；「文化心」的真實而安住
內在，則可消除現代人心靈的空虛，如此精神生活才能充實，文化
心靈才能悅樂。以此架構的「文化中國」的人文社會，或為人間社
會的理想形態。

附錄：九州當代中國學

──以體驗身學闡揚儒學傳承
的岡田武彥先生

關鍵詞 體認 身體説 兀坐 自然 簡素

前言、岡田武彥先生的著述生平

　　岡田武彥先生於明治四十一年（1908），在兵庫縣白浜村（今姬路市白浜町）出生。昭和六年入學九州帝國大學，九年（1934）自法文學部支那哲學科畢業。二十四年（1949）於其師楠本正繼博士的推薦下，任教九州大學教養部，三十三年（1958）昇任教授，三十五年（1960）獲文學博士，四十年（1966）客座美國哥倫比亞大學，四十七年（1972）退休，獲頒名譽教授。同年也獲頒台灣中華學術院名譽哲士。岡田武彥先生自九州大學後，歷任福岡西南學院大學、長崎活水女子大學教授。又於昭和六十一年（1986）至平成八年（1996）之間，五次探訪王陽明的遺跡，修建王陽明墓地及記念碑。著作有《王陽明と明末の儒學》、《王陽明文集》、《劉念台文集》、

《王陽明（上）》、《王陽明（下）》、《現代の陽明學》、《儒
教精神と現代》、《王陽明小傳》、《王陽明紀行——王陽明の遺
跡を訪ねて》、《警世の明文　王陽明拔本塞源論——王陽明の萬
物一體思想》、《東洋の道》、《續東洋の道》、《楠本端山》、
《山崎闇齋》、《貝原益軒》、《林良齋》（以上東京：明德出版社）、
《宋明哲學序説》、《宋明藝術序説》（以上東京：文言社）、《江戸
期の儒學》、《中國思想における理想と現實》、《宋明哲學の特
質》（以上東京：木耳社）、《坐禪と靜坐》（大學教育社）、《東洋の
アイデンティティ——中國古代の思想家に學ぶ》（批評社）、《わ
が半生・儒學者への道》（福岡：思遠會）、《陽明學つれづれ草—岡
田武彦の感涙語錄—》等書。編著《陽明學入門》、《幕末維新陽
明學者書簡集》、《日本の陽明學（下）》、《幕末維新朱子學者
書簡集》、《朱子の先驅》、《朱子語類》、《陽明學》、《陽明
學大系》、《叢書日本の思想家》（以上東京：明德出版社）、《和刻
影印近世漢籍叢刊》、《和刻朱子語類》、《朝鮮寫本徽州刊本朱
子語類》、《劉氏全書遺編續編》（以上京都：中文出版社）、《楠本
端山・碩水全集》（福岡：葦書房）等。❶

---

❶　岡田武彦先生的簡歷與著述，參《朋》第二號，福岡：東洋の心を學ぶ會，
　　1999年11月。至於有關岡田武彦先生學問生平的論文，則有王孝廉〈一個
　　儒學家的人生歷程——岡田武彦先生的治學與生平〉，《花落碧巖》，頁
　　187-207，台北：時報文化出版公司，1986年4月。岡田武彦《わが半生・儒
　　學者への道》，東京：文言社，1990年11月。岡田武彦著・連清吉譯〈我
　　的生涯與儒教——追求體認之學的歷程〉，台北：中國文哲研究通訊6卷2
　　期，頁85-102，1996年6月。難波征男編《岡田武彦・張岱年對談　簡素と
　　和合》，福岡：中國書店，1999年5月。錢明〈岡田武彦先生的思想與實踐

一、生平不忘師承

岡田武彥先生獲頒中華學術院名譽哲士而致辭時，説：「今日最資格獲得這個榮譽的不是我，而是我的恩師楠本正繼博士。」錢穆先生在場聞言感嘆楠本正繼與岡田武彥先生的師弟情深。❷岡田武彥先生之所以如此感念楠本正繼先生，蓋以楠本正繼先生既爲經師亦爲人師的緣故。當岡田武彥先生徘徊於西洋哲學的思辨之學的研究或日本自然主義文學的陶冶性情時，選修楠本正繼先生「傳習錄講讀」的課後，終於豁然開朗，直覺地感受楠本先生的道德學養是其終身之師，而陽明學之以直觀把握事物本質的傾向，正與自己的性格極爲相合。楠本正繼先生留學德國，嘗以西洋哲學的思辨方法解析中國思想，其後潛心於崎門朱子學系統的家學而轉向以「靜坐澄心、知藏復仁」的「體認」探究宋明理學的真髓。岡田武彥先生早歲醉心於西洋的論理，進入九州大學以後，由於感悟宋明儒者的學行與自身的境遇，領會探究古人的體驗，進而體驗其哲學思想的人生哲學。❸師弟二人學問性格的相得，遂使岡田武彥先生終身感銘

——以王陽明遺跡考察爲中心——〉，《岡田武彥·張岱年對談　簡素と和合》，頁205-218，福岡：中國書店，1999年5月。李逥揚《書海經籌記——半生致力儒學者自述》，台北：文津出版社。卞崇道編《當代日本哲學家》，北京：社會科學文獻出版社。塘珉〈學貴體認——岡田武彥先生〉，《原學》第五輯，北京：廣播電視出版社等。

❷　岡田武彥《わが半生·儒學者への道》，頁328-329，東京：文言社，1990年11月。

❸　參岡田武彥《わが半生·儒學者への道》，東京：文言社，1990年11月。

楠本正繼先生傳授之恩。

二、以儒學為己任——體認宋明儒者的學行

　　楠本正繼先生繼承家學，又以西洋哲學的學問方法論，「體認」的思想架構自身的學問方法，《宋明時代儒學思想の研究》即此獨特學問方法的體現。岡田武彥先生繼承楠本先生家學的「體認」之學，領悟「道統在我」之成就儒者的真義。所謂「道統意識」即是儒學的具體實踐與活用，乃是儒學現代化的課題，也是當代新儒家的存在使命。岡田武彥先生即以儒學傳承的使命為己任。❹岡田武彥先生以為宋明理學是中國思想的結晶，特別是明末動亂之際，儒者體驗時代的感受而產生的思想，則是中國思想開展的究極。要理解宋明的精髓，不但要直探其義理，更非要體認宋明儒者的人生體驗不可，否則只能理解其外在的問題而不能體會其內在的神髓。岡田武彥先生稱此體認儒學的歷程為「內在研究」，進而留意王門歸寂派羅念庵、王塘南和東林派顧憲成、高忠憲、劉念台的學行。尤其於高忠憲、劉念台的學問更有會心。岡田武彥先生以為高忠憲、劉

　　岡田武彥著‧連清吉譯〈我的生涯與儒教──追求體認之學的歷程〉，台北：中國文哲研究通訊6卷2期，頁85-102，1996年6月。岡田武彥先生說：「夫為學師易，為人師難。世多學師而人師少。何者，非學德兼備之人，難為人師。恩師楠本正繼先生者，人師也。」，《陽明學つれづれ草──岡田武彥の感淚語錄──‧忘憂記一》（修訂森山文彥編《岡田武彥先生語錄‧忘憂記一》而成的，東京：明德出版社），頁22、23，2001年4月。

❹　難波征男〈岡田武彥と張岱年の人と學問〉，難波征男編《岡田武彥‧張岱年對談　簡素と和合》，頁14-15，福岡：中國書店，1999年5月。

念台所主張的「靜坐」是體驗之學的一貫之理，其思想的形成並非在案前思索而成；而是遭逢國家瀕於傾覆之際，心有感受，以其切實經驗而體得的。至於岡田武彥先生所謂「靜坐（心學）─兀坐（身學）─自然」之體認的歷程，即是「內在研究」的體現，也是其學問的究極。❺再者岡田武彥先生於書齋的稱號，由「高眠齋」而「唯是庵」而「斯人舍」而「自然齋」的更移，亦可透露其中的機微。首先推崇邵雍所說的「雖貧苦而無礙高眠」，而有超越主義的宗尚。年逾耳順而體悟「一切唯是如此」的真諦，以為人生宇宙的根本即在於「唯是」。七十歲以後，以《論語・微子》「吾非斯人之徒與而誰與」的「與斯人之徒」乃是儒家精神的精髓所在。蓋岡田武彥先生以為宋儒至陽明所流傳之「萬物一體之仁」之萬物一體的思想，乃是儒家思想之究極，而孔子所說的「吾非斯人之徒與而誰與」，正是此思想精神之最圓熟的表現。年至九十，大抵順其自然而從心所欲，庶幾到達「我自然」的境界。❻

---

❺ 岡田武彥著・連清吉譯〈我的生涯與儒教──追求體認之學的歷程〉，台北：中國文哲研究通訊6卷2期，頁93、98-101，1996年6月。「陽明之拔本塞源論者，知識人之頂門一針也」（《陽明學つれづれ草──岡田武彥の感淚語錄──・忘憂記一》，頁20，2001年4月）的敘述，亦可窺知岡田先生以宋明思想為儒家思想之最切要者的旨趣。

❻ 難波征男〈岡田武彥と張岱年の人と學問〉，難波征男編《岡田武彥・張岱年對談　簡素と和合》，頁12，福岡：中國書店，1999年5月。又《朋》第二號，（福岡：東洋の心を學ぶ會，1999年11月）也有解釋岡田武彥先生書齋命名因由的記載。宋明萬物一體之思想，乃儒家思想之究極，而孔子所謂「吾非斯人之徒與而誰與」為最圓熟的記述，見《陽明學つれづれ草──岡田武彥の感淚語錄──・忘憂記一》，頁20，2001年4月。

三、簡素精神──東洋哲學的特質

岡田武彥先生之所以由「靜坐」而「兀坐」，是因為工夫非簡易可行不可，岡田先生以為「兀坐」比「靜坐」要簡易可行。因此其學問即由「心學」而轉向「身學」。再者東洋學問的開展和西洋不同，東洋是由複雜而歸於素樸簡易，此又是岡田先生主張「兀坐」的原因之一。岡田先生說西洋的學問是往細密複雜而發展；東洋的學問其是復歸於素樸簡易。即西洋思想傾向於理性，而作抽象的理論性發展；東洋則傾向於情意，以體驗實踐為極致。就其究極而言，孔子的思想非由長於思辨的子貢來開展，而由尊德性的子思來繼承。佛教哲學雖有法華教學的展開，而歸趨於佛心頓悟的禪宗。朱子學之由窮理居敬而轉趨以居敬為本，到了明代，主知的朱子學為主行的陽明學所取代，此皆是中國思想以簡素為依歸的印證。❼

所謂「簡素」，一言為蔽之，是簡易素樸，其相反則是繁複華麗。就文化的表現而言，簡素是質樸的文化，就其內在涵義而言，簡素則是洗盡鉛華的本來素樸。因此，所謂「簡素精神」即是以簡易的表現而達到內在精神的昇華充實。即其表現方式愈抑制含蓄，則其內在精神就愈高揚而圓滿充實。就此意義而言，此所謂的「簡素」，在表現上雖類似原始的簡素，就其旨趣而言，則是復歸的簡素。

---

❼　岡田武彥著‧連清吉譯〈我的生涯與儒教──追求體認之學的歷程〉，台北：中國文哲研究通訊6卷2期，頁101，1996年6月。

　　就中國文學思想而言，重視簡素精神的自覺，是始於宋代。宋代古文家之提倡古文運動，即具有主張簡素精神的意義。至於在文學的表現上，如歐陽修撰述〈醉翁亭記〉，終究去除繁複而以「環滁皆山也」五字描寫滁州的地理形勢，此即是重視簡素的表現。蘇東坡所謂「大凡爲文，當使氣象峰嶸，五色絢爛，漸老漸熟，乃造平澹」，（〈書黃子思詩集後〉《東坡後集》卷九）即以簡古淡泊而寓至味。周濂溪作〈拙賦〉，指出處世之拙不僅足以安身，亦有功於教化。換句話說，周濂溪旨在排斥以功利爲主而翻弄智巧之功利主義，而推崇儒家遵守道德之理想主義。此守拙斥巧的主張，亦是宋人重視簡素精神的表現。至於陶藝之「無文」和水墨之「留白」則是洗盡華美修飾，以潛藏光彩爲究極的無，表現含藏無限空間的內在精神尤重於物像之具體描繪的藝術精神。此藝術表現即含有簡素精神。

　　再就中國近世思想史而言，重視居敬存養的朱子學，即有崇尚簡素精神的旨趣，此一思想通過陸象山的心學，而有以知行合一、致良知爲宗，提倡簡易之學的王陽明專擅於明代。此簡易之學的產生，固然是時代風潮之所致，但是也像佛教由華嚴、法華而禪宗的開展一樣，由認知到情意，由複雜到簡素的思想流變，乃是中國思想發展的必然趨勢。❽

---

❽　關於簡素精神的論述，參岡田武彥著・連清吉譯〈簡素的精神〉，台北：中國文哲研究通訊3卷1期，頁11-21，1993年3月。

四、以哲學家的成就為究極──由思想體系 的思辨之學轉為靈性慧根的體驗領悟

　　岡田武彥先生說：「余自少時讀書，讀語錄之感慨深於古人論說，此或余之性格。」❾蓋岡田先生的生命學問在於「追體驗」，即體認實踐儒者的體驗。其以為思辨窮理之學問的體系性詮釋固然不可偏廢，但是靈動的文化慧命的化成與領悟，則是人之所以為人的第一緊要工夫。東洋學問，特別是宋明儒學的究極，不在細密分析的哲學史的體系架構，而在追求體認之哲學家的責成。岡田武彥先生說：「第一緊要者，在自得物之本質，故有物心與我心融通之必要。理論者，使人知之之手段而已，故理論如何深遠奧妙，若無自得則了無意義。西洋以理論為先，東洋以自得（實踐）是尚，後者是第一義，前者為第二義。……吾少時以理論是尚，隨年歲之增長，深感理論之空虛不實。……以西洋人何以不簡明直截表現而百思不解。西洋哲學家康德、海德格等常逞其艱深晦澀之論理，使余有愚鈍之感。若Blaise Pascal、Michel Eyquem Montaigne隨筆式之表現方式，則極其直截了當而有使我有親近之感。」❿岡田先生在五十之前，固不乏思想體系性的學術論著，其後則以體認之學的著述為主，而七十之後，更以簡素精神為根底，主張以「語錄」寄寓其人生哲學。昭和五十九年（1984）一月至五月，七十六歲，作〈忘憂記一〉，

---

❾　森山文彥編《岡田武彥先生語錄──・忘憂記一》，頁4，2000年5月。
❿　同上，頁23。

同年五月至昭和六十年（1985）十一月作〈忘憂記二〉，昭和六十三年（1988）一月，八十歲，至平成元年（1989）八月作〈退翁漫草一〉，平成二年（1990）五月至平成五年（1993）十月，八十五歲，作〈退翁漫草二〉，同年六月至平成七年（1995）四月，作〈と共に（與共）哲學〉，同年四月至平成八年（1996）作〈兀坐漫草〉，同年三月至平成十年（1998）十一月，九十歲，作〈夢譚一〉，同年十一月至平成十一年（1999）十一月作〈夢譚二〉，同年十一月至平成十二年（2000）一月作〈臥思記〉（以上收錄於《岡田武彥先生語錄》），同年一月至今的語錄，則以〈續夢譚〉為題，陸續編輯刊行。探索岡田武彥先生的語錄，其生命的靈動，思想的圓熟與體悟人生機微的洞見固躍然紙上，而其追求體認儒學的進程，亦歷歷可考。東洋與西洋的分殊別相意識，是岡田武彥先生感受時代，以融通東西思想文化的圓熟智慧，力挽西洋文明是尚之狂瀾，而體現其傳承儒學文化慧命之儒者的真執。❶至於體認哲學的追求則是岡田武

---

❶　茲列舉其東西思想文化差異的卮言數條於下。
　　東洋以無言為至言，西洋以無言為無智。
　　西洋以理論為先，東洋以自得（實踐）為要。
　　西洋哲學者說明記述之哲學，東洋哲學者自證心得之哲學。說明記述與自證心得有天壤之差。後者為第一義。
　　西洋哲學躍動，東洋哲學靜寂。西洋哲學之境地少（壯），東洋哲學之境地老（成）。（以上《陽明學つれづれ草──岡田武彥の感淚語錄──·忘憂記一》）
　　分析之學者西洋之長，渾一之學者東洋之長。……西洋之學為枝葉，東洋之學為根本。（《同上·忘憂記二》）
　　陽明哲學者理情一致，與以理為唯一之西洋哲學相比，此最具東洋之哲理。西洋哲學者理先情後，朱子學者理情並進，陽明學理情一致。（《同上·退翁漫草一》）

彥先生人生全幅精神的寫照。岡田武彥先生説：「萬物皆備于我之
境地在靜心之中，……靜心始有人生」，即以天地與我並生，萬物
與我同在之道，唯在靜然澄心而與物融合而已。岡田先生又説：「靜
坐而丹田呼吸，始者用意行之，從而去之，終而身心如枯木死灰，
此兀坐也。……靜坐與兀坐之差，如理事無礙法界觀與事事無礙法
界觀之差。前者以理內在於事物，未到否定個個事物之背後尚有形
上實在之存在，故止於圓融相即之説。然事事無礙法界觀有個個事
物之絕對性與獨立性，且自個個事物相互圓融相即而至個個事物背
後之形上實在完全於個個事物內自然消去。靜坐者，心身圓融相即
而未能否定背後形上世界之存在。兀坐者，身體存在絕對性與獨立
性，形上世界完全於身體中消去。」⑫故「靜坐不若兀坐，蓋有此身
而後有心。物之本者人也，人之本者心也，心之本者身也。夫身者
萬化之根本而太極也。其身者萬物之根幹而萬化之樞紐也」，而其
究極則在「兀坐亦放下」⑬之我自然。由此可以考知岡田武彥先生由
靜坐而兀坐，由心學而身學而自然天成之體認哲學的進程。若以圖

西洋哲學者頭之哲學，東洋哲學者腹之哲學。前者馳於外界諸物，後者內
藏萬物。

辨證法與復歸，此表示西洋與東洋哲學方法論特色之最明瞭的概念。（《同
上·退翁漫草二》）

世界文化圈可大別二，即西洋之以華麗精神為根本者，以簡素精神為根本
之東洋者也。

西洋哲學者科學，日本哲學者藝術。西洋哲學以認識為主，日本哲學以感
得為主。（《同上·夢譚一》）

⑫　《同上·忘憂記一》，頁28。
⑬　《同上·臥思記》，頁154。

示，則爲

靜坐─澄心─理事無礙法界觀

　　　　　　　　　　　　　　── 自然

兀坐─培身─事事無礙法界觀

即「身者心之根源而生命之命也，故謂之身命，須兀坐以培養身命也。」❹又「余修陽明易簡培根之學至今日，近年有感悟。心學之根源在身學，培身之學者，構築創造新思想之不可缺者也。」❺則可歸結其靜坐以澄心，兀坐以培身之人生哲學的思想體系。至於其究極則在「兀坐打破，兀坐而超越兀坐，而到無礙自得之境」❻，即隨萬化流行而「自我創造，自我發展」之「本來性與自然性」❼皆備於我之超越體得的自在。

　　至於吾人生存之方式，生命三進程，人我關係三對待，體物三觀，「生」之三義的巵言，即「與物共生之人我共存、反物而生之役物、超物而生之人我共忘」❽的三種生存方式；生命有「培根、立根、成根」三進程，人我關係則有「以絕對而制人，泯除人我對立之爲現實主義，超越人我異同而成一體之超越主義，貫徹共生共存之理想主義」❾三立場，體物有「大觀、小觀、深觀」之三觀，「大觀則宇宙在手，小觀則物各付物，深觀則神明內腴。」❿至於「生」

---

❹　《同上・と共に（與共）哲學》，頁105。
❺　森山文彥編《岡田武彥先生語錄・夢譚一》，頁146。
❻　《陽明學つれづれ草──岡田武彥の感淚語錄──・忘憂記二》，頁40。
❼　森山文彥編《岡田武彥先生語錄・臥思記》，頁207。
❽　《陽明學つれづれ草──岡田武彥の感淚語錄──・退翁漫草二》，頁81。
❾　同上。
❿　森山文彥編《岡田武彥先生語錄・退翁漫草二》，頁97。

亦有「自生、生他、生物」三義,「於三義一體處,則是人之本性。」
❷此皆岡田武彥先生洞察人生機微之生命哲學的精彩所在。

結語:以體驗身學闡揚儒學傳承並以成就哲學家為究極的岡田武彥先生

　　楠本正繼先生於九州開啓日本近代研究宋明理學的先聲,其門
下弟子岡田武彥先生以其生命才情繼承師説,鑽研中國近世的學術
思想,樹立九州爲日本當代中國學界研究宋明哲學重鎮的地位。岡
田武彥先生以爲宋明儒學是中國思想的結晶,特別是明末儒者的體
驗哲學是宋明思想的精彩所在。其以體認明末儒者的體驗哲學,提
倡身學體驗之説,進而以儒學傳承的闡揚爲其安身立命的所在。早
歲雖以西洋哲學的思辨方法爲學問的基底,研究宋明理學,耳順之
後,以明末靜坐體驗爲生命學問的根本,進而以坐禪、兀坐的身學
説的歷程,由即物窮理轉向體認知行,終以「我自然」爲依歸。歸
結岡田武彥先生的生命學問,或許可以説是「性善」而「無善無惡」,
以師承淵源與儒學傳承的發揚爲學問的究極,是「性善」;以因是
兩行的自然超越而即之也温的高明,少者懷之的融合親近爲生命的
哲學,是「無善無惡」。

　　若以朱、王之辨而言,岡田武彥先生的生命則是近於陽明學知
行體認實踐的「心學」。伊藤仁齋説:「程明道、范仲淹好仁,程
伊川、朱子惡不仁,」(仁齋日札)意在分別二程子於思想趣旨的不

---

❷　《同上·臥思記》,頁214、215。

同。程明道根據孟子的「良知良能」說，主張「仁」不是據經書載記而作的理性分析的知；而是直接共感天地萬物生生之意的體認。故明道的「識仁」並非開啓朱子學而是陽明學的萌芽。❷就此思想性格而言，岡田武彥先生的身體說可以說是祖述陽明而遠紹明道的。

---

❷　明道的「仁」的思想，參島田虔次《朱子學と陽明學》，東京：岩波新書，頁44-52，1972年2月。

附錄：九州當代中國學
——執著於學問思辨與會通的荒木見悟先生

關鍵詞 理學與佛學　明末心學的異彩　本來性　現實性
思辨與會通

前言、荒木見悟先生的著述生平

荒木見悟先生於大正六年（1917），在廣島縣佐伯郡廿日市町出生。昭和十四年（1939）入學龍谷大學，翌年，考入九州大學法文學部，師事楠本正繼，專攻中國哲學史。昭和十九年（1944）赴任長崎師範學校副教授，二十六年（1951），應聘福岡學藝大學副教授。三十四年（1959），以《朱子哲學》的論文❶，獲九州大學文

---

❶　有關荒木見悟先生的著述生平，參《荒木教授退休記念中國哲學史研究論集》（福岡：葦書房，1981年12月）的〈年譜略〉。唯關於荒木先生提出的博士論文，於荒木先生自述的《釋迦堂への道》（福岡：葦書房，1983

學博士。三十七年（1962）轉任九州大學文學部副教授，四十三年（1968）昇任教授。五十六年（1981）退休，獲頒名譽教授。著作有《佛教と儒教——中國思想を形成するもの》（東京：平樂寺書店）、《大慧書》（東京：筑摩書房）、《明代思想研究》、《明末宗教思想研究——管東溟の生涯とその思想》（以上東京：創文社出版）、《中國思想史の諸相》、《中國心學の鼓動と佛教》（以上福岡：中國書店）、《陽明學の開展と佛教》、《明清思想論考》、《陽明學の位相》、《新版佛教と儒教》、《憂國烈火禪——禪僧覺浪道盛のたたかい》（以上東京：研文出版）、《佛教と陽明學》（東京：第三文明社）、《朱子·王陽明》（東京：中央公論社）、《貝原益軒·室鳩巢》（東京：岩波書店）、《龜井南冥·昭陽》（東京：明德出版社）、《島田藍泉傳》（東京：ぺりかん社）等。又編修《龜井南冥·昭陽全集》（福岡：葦書房）、《楠本端山·碩水全集》等書。❷

一、從朱子學到陽明的展開說明代是心學大放異彩的時代

　　中國近世思想的三大主流是禪學、朱子學、陽明學，而三者的思想則有異同。朱子學與陽明學同以人倫規範為吾人存在的基本原

　　年9月），頁172作「於楠本正繼先生的推薦，以處女作《佛教と儒教》申請學位」，則略有出入。

❷　荒木見悟先生的著作目錄，參荒木見悟先生著·張文朝譯〈我的學問觀〉（台北：中央研究院中國文哲研究所《中國文哲研究通訊》3卷1期，1993年3月，頁42-46）的附錄。

則；但是禪學主張超越規範，以徹悟爲究極。至於相對於朱子學之以天命爲實理的主張；陽明學與禪學則重視心的自主性。再者，王學右派的學者傾向於朱子學；王學左派則接近於禪學，故三者誠有會通的所在。唯南宋以來，朱子學的理學思想體系既已圓熟具足，故不易有新的發展，又依附於政治權勢，定於一尊而爲學問的正統，以致朱子學產生墨守僵化的流弊。三百年後，王陽明出而突破中國思想停滯不前的狀況。

　　陽明說心與理不一，心是主體，理是客觀的法則。二者何以不一，朱子所說的理一分殊，理是天理，其主體在實踐道德，以之而爲當下之理的判準，主體即能與理相應。但是陽明以爲己心不僞，然依據本心而行，卻未必與當下之理相應，故不如捨棄當下之理，探索本心良知之理，而提出「心即理」的主張。何謂「心即理」，荒木見悟先生說：由心即良知的純粹性機動力，設定滿足良知之理，因此陽明雖然常說「良知即天理」。但是陽明所說的天理並非朱子學的天理，「天理」一辭雖然相同，實質內涵則有殊異。荒木見悟先生又說：陽明之所以能超越朱子學的理學體系，從吾人存在的原理，重新省察「心體與性體」的問題，主要是以禪學爲其旺盛生命力的源泉。在陽明的時代，禪學雖然逐漸式微，但是超越一定規範而在自由自在的境界中，探求吾人主體根源的禪學傳統，依然存在於思想的底流中。禪宗所謂的「一心生萬法」，乃意味著物與心同時具現，心的主體經常是對應世間的萬般事象而周行。唯禪有理障之說，心不可爲理或規範所形役驅使。至於陽明學的根底則在人倫的關係結構中，發揮其良知的機能。此乃是同爲尊重心之主體的陽明學與禪學的相異之處。

　　由於陽明開啓的心學興盛一時，促使衰微沈寂的禪宗心學的再興，而陽明心學與禪宗心學的融合亦應運而生，終於造成如戰國諸子百家爭鳴般的，思想家輩出而思想流派也更迭擅場。又三教合一之異質而博綜的理論，也在此際會中產生了，中國學術界乃出現蓬勃活躍的現象。因此，如果說宋代是理學興盛的時代，明代則是心學大放異彩的時代。❸

二、《佛教與儒教》考竟唐代以迄明代之思想史的內在變遷

　　歷來中國近世思想的研究，大抵傾向於以朱子學、陽明學爲中心，而忽視儒學以外的佛教和道教。然而在中華民族的歷史發展的過程中，三教是有融合會通的影響關係的。這種跡象，在宋明士大夫的精神生活上是清晰可考的。因此，要客觀正確地辨明宋明思想的面貌，則非捨棄以儒學爲優先的獨尊本位主義，而會通三教的思想內涵不可。特別是留意具有高度理論性、深層心理分析探究的佛教與重視人倫道德的儒學二者間對應與交融，則是研究宋明思想重要的觀點。❹這是荒木見悟先生竭盡平生精力的所在。而《佛教と儒教》則是其代表作。

　　《佛教と儒教》是由序論、第一章華嚴經的哲學、第二章圓覺

---

❸　荒木見悟著·連清吉譯〈宋明思想史概觀〉，台北：《國文天地》8卷5期，頁15-17，1992年12月。

❹　同注❷。

經的哲學、第三章朱子的哲學、第四章王陽明的哲學、結語等構成
的。序論旨在究明中華民族孕育佛教與儒學思想的根源所在。就「人
─世界」存在的本來基底而言，二者並無差異，朱子學之所以排斥
佛教，主要是為了護衛自身的思想體系而不得不採取的手段。然而
要正確地理解中華思想，非打破學說教條而深入幽微以掌握其全體
綜合性民族思想發展進程不可。此思想根源基底的設定，就是「本
來性」的探求。

　　佛教諸宗派中，最直截了當地強調「本來性」的是禪宗。禪宗
思想的根本底據是「本來一乘教」的華嚴哲學。至於宗密以《圓覺
經》立異於《華嚴經》，乃是「本來一乘教」的明顯曲折。在佛教
經典中，何者是最初根源的認定是佛教學界的一大問題。所謂種種
諸般之「機根」（即修行眾生的素質）的融合，無非是以本來即完全相
合作為前提而預攝的。法是相應於「機根」而變運不居的，而且其
根底是以「法之法」（即眾法之根源的法）為所依，其萬變不離其宗的
究極，始為可能。《華嚴經》正是「法之法」的經典。因為《法華
經》則尚有機與法分裂對立的預攝存在著，即尚有本來性與現實性
對立的現象；至於《華嚴經》則在清淨無垢之原始機法的一對觀上
成立的，故無本來性與現實性的對立。

　　法藏是華嚴學的大成者。荒木見悟先生以為法藏所謂的「始成
正覺」的「始」不但意味著釋尊生涯的歷史時期，也包含著形上根
源的意義。既是形上根源，則非一定的時期而是隨時隨處的存在，
故原始本來的自然教法即是最現實的開放法輪。在本來性的世界
中，森羅萬象雖然是多樣性的存在，卻非直觀其本來的位相不可。
法藏的弟子澄觀即以「無障礙法界」為《華嚴經》的究極（《華嚴演

義》卷一）。所謂「無障礙」就是自由，至於障礙即是個性的展現。此矛盾之所以能同時存在，是因為其背後有「無自性論理」的存在。「事」既然是「當相即空」，則有分限的本身就是無分別。

　　法藏與澄觀的華嚴哲學皆以聰慧上根之機為「對機」，故能始終貫徹本來性與現實性的一體化。但是生存於現實世界的眾生，其本來性與現實性畢竟是有差距的。澄觀的弟子宗密稱眾生為「頓悟初機」，而將本來性引回現實性，於蓮華藏莊嚴世界作現實界的投射，產生「機」與「法」的分解，重新架構華嚴哲學的系統。華嚴的此一變貌，終將《圓覺經》的中心思想定位於華嚴之下，即將華嚴哲學的高蹈性適切地開放於眾生。就實踐而言，此一轉換，乃符應中根之機的頓悟漸修，而漸修亦可參核諸經典的教訓、工夫。因此「知」的機能就轉趨重要了。唯其所謂的「知」並非分別知，而是本性明照的本知。宗密稱之為「知之一字，眾妙之門」，亦即以此絕對知的靈性，體悟而得《圓覺經》的「圓覺」。

　　澄觀以「總該萬有即是一心」為悟的主體，宗密則以此一心之本體為「本覺真知」，「真知」即是靈妙自然常知的本來知。《圓覺經》稱本來遮覆無明為「理障」，其後「理障攝」成為宋明儒者排斥佛教時的最大標的。其實宗密的「理障」不是理即障，而是「理之障」。拂拭本覺真知的遮覆，其圓覺靈妙的真知，即有靈現的可能。為了彰顯此絕對之知，宗密特別尊重荷澤神會以來所傳承的「知之一字，眾妙之門」，以此相應於現實諸相時，必然重視分別知的正確性與行為的理智性。此理智性尊重與教相佛教的體系相結合而發展成教禪一致論。雖然六祖慧能說：「三世諸佛，十二部經，在人性中，本自具有」（《六祖經壇·般若第二》）；臨濟慧照也說：「三

乘十二分教，皆是拭不淨故紙」（《臨濟錄‧示眾》），但是宗密以爲現實世界充斥著無法以一心統攝的諸象，乃洞察眾生世界的實態，建立教禪一致的「當代哲學」。就此意義而言，教禪一致論是將歷來只在佛教領域中探索的本來性，擴張開放至一般思想界，開啓與其他學派溝通的端緒，探究其本來基底，固促成儒釋道三教融合的可能因子。

　　如《永嘉證道歌》所記載的「一超直入如來地，但得本來莫愁末」，禪宗是以本來性之究極爲第一義的，但是就儒家而言，禪宗的「頓悟」，只是空悟，絲毫無益於世用。首先與日常性密切結合而發揮「活禪」的是大慧宗杲。又大慧禪之所以能普及於士大夫階層的原因是大慧宗杲洞察知識萬能主義的薄弱，而以禪的本來性，主張於「日用隨緣處」，自在地體驗禪悟。荒木見悟先生説大慧禪有從根源性解決人的意識與社會、文化的困頓；主體性結構的變革優先於具體性制度結構的改善；相應於歷史的現實，保持禪心的靈動；超越常道而責成立地決斷的轉化；雖徹底否定世俗性，又企圖復甦周衍能動的人間世界等五個特色。雖然朱子批評大慧禪是「寸鐵殺人」（《朱子語類》卷一百十五），但是面臨南宋社會的危機，根植於本來性的架構和與日常性密切結合，則是大慧禪能引時人的所在。換句話説，大慧禪並非獨善於人倫之外的冥然兀坐，對於現實社會也不是漠然無視；而是於歷史現實中，根治社會疾毒根源的「活禪」。雖然如此，大慧禪只是因認「總該萬有之一心」，而不具備判斷事物之妥當性的客觀基準。因此宋代新儒家乃指摘禪所謂無分別、無思量世界返照於自然之個個分別思量的價值判斷是曖昧不明的，進而批評大慧禪「現實性─本來性」的思想架構亦有所偏頗。

　　朱子學的「理」包含著架構本來基底之「所以然之理」和表達個別具象之「所當然之理」的兩層義理。「所以然之理」以其根源的性質而稱之爲「太極」，「太極」又以其無的性質而稱之爲「無極」。「所當然之理」以現實的限定而生，故其行爲基準得以設定，而具有「所以然」所無的安定性。既相應於「所當然」而規定「理」，即可稱之爲「定理」。「定理」的「定」，既有理的不動性意義，又有規定主體實踐內容的意義。朱子以爲理既周偏實存於萬事萬物，而且有「理」以相承貫通；亦相應於個別事物之多樣性而顯現，故名之爲「理一分殊」。又以「理一分殊」爲根據，提倡格事物而窮其理的「格物致知論」。格致工夫的成熟，即能開展豁然貫通的境地。然而爲避免格物致知的陳義太高而產生理障的現象，則其主體必須隨時保持「活敬」的工夫，這是規定「理」爲無方所、無定體的原因所在。雖然如此，理的作用無非是在具體行事的場所，判定正邪善惡，引導實踐主體超越私意而通向共通的理路。換句話說，「理」既爲吾人本來存在的依據，又是自然使然地促成實踐，故稱之爲「天理」。由於「天理」的存在，事物、行爲乃得以成立，故謂之「理先事後」或「理先氣後」。朱子以爲由於「天理」的證成，吾人才能活躍靈動而避免陷入私意營爲的危險，也因而能超越禪之無方向、無規範的本來主義，迎擊禪之「大用現前，不存軌則」之無法則性，而高唱「人心炯炯在此，即四體不待羈束，而自入規矩」（《朱子語類》卷十二），主張格物致知論才是真正具有「自由性」。

　　人是通過共通的「理」與客觀對象的結合而訂定實踐的道路，但是經常相伴窮理而生的是客觀界事物的多樣性與背離主體本質的傾向。產生背離傾向的是含有理的氣，由於理「墮在」氣質之中，

而產生迷惑。朱子以爲人的心是總合理與氣的主宰，理（性）是純粹的核心，有絕對的權威，其自身無惡化的可能。惡之所以發生，是心對理（性）的背離，即性（理）與情的分離。所謂理氣二元論，就心而言，是性與情的兩層存在；就性而言，則區分爲純粹核心的心與制約於氣質的情。前者可以定義爲「心統性情」；後者則區分爲「本然之性」與「氣質之性」。再就心與性的離合而區別爲「人心」和「道心」，又由於性具有特殊的性格，故有「性即理」之論。

朱子細密的心性論不但是集北宋以來諸儒之說而大成的，也是有對抗於佛學精密的心理分析，明示其自身立場的所在。比較朱子的心性論與佛教空觀論理，即可理會朱子巧妙的思想轉換。朱子的心性論有「性即理」的不動核心，心即使再暗昧，其心的主體也不會極度的晦暗。故朱子說：「合下唯有善，惡是後一截之事也。」（《朱子語類》卷九十四）

朱子的心性論、善惡論是以區分性情、理氣爲起點，以「理先氣後」樹立理的權威。但是理氣、道器之所以區分，是在「人心道心二者雜於方寸之間，而不知所以治之，則危者愈危，微者愈微，而天理之公卒無以勝乎人之欲之私矣」（《中庸章句・序》）的危機意識下形成的。如果佛教的危機意識是形成於對所有定準的抗拒；則朱子學的危機意識是探求定準而不得的不安。爲使主體能靈動生絡，則必須有「敬」的工夫，以變化氣質。故荒木見悟先生說：朱子所說的「不知以敬主而欲存心，則不免將一箇之心，把捉一箇之心」（〈答張敬夫〉，《朱熹集》卷三十一），雖然是針對佛教打破「敬」字之論而提出的辨駁，其實也是朱子緊密結合「敬」與「天理」的「存在力學」，更是解開朱子實踐論的關鍵鎖鑰。雖然如此，敬畏

天理的理念，一方面是相應於規矩的保證，卻也是朱子理學陷入困境的所在。朱子對應客觀世界的多樣化而窮究個別事物之理的義理陳述，確實是極有見地的。但是其「理一分殊」却有以一理網羅萬物的絕對唯一性，不但不能以他理取代，也不容許探索體系外之理。就此意義而言，朱子所設定的理，自始即是自成體系的理論架構，並未預攝理之外所可能發生的事態，因此拙於符應歷史的變化與人情的更易。一味固守「性即理」的陳義，徒然僵化理的體系，加劇與歷史現實的乖離而已。突破此以性（理）為核心之心性論的困境，而提倡新的心性論的是王陽明。

王陽明以為朱子學的「定理」論停滯不前的根本要因是理與心（生命）的分離。理與心的遊離何以發生，蓋朱子學以「性＝理」為主體，致使心始終被理所抑制而失去靈動不居的主宰功能。即使預攝「心統性情」，其實只是以「性＝理」為基準，情感順理發用而已。王陽明說：

> 夫物理不外於吾心，外吾心而求物理，無物理矣。遺物理而求吾心，吾心又何物邪。心之體性也，性即理也。……理豈外於吾心邪。晦庵謂：人之所以為學者，心與理而已，心雖主乎一身，而實管乎天下之理。理雖散在萬事，實不外乎一人之心。是其一分一合之間，而未免已啓學者心理為二之弊。（〈答人論學書〉，《傳習錄》卷中）

陽明以為朱子學所謂定理具存於心中之性理論為不合於事理的虛構，主張確實規定理之權限的良知。因此陽明又說：

> 朱子所謂格物云者，在即物而窮理也。即物窮理是就事事物
> 物上，求其所謂定理者也。是以吾心而求理於事事物物之中，
> 析心與理為二矣。……若鄙人所謂致知格物者，即所謂天理
> 也。致吾心良知之天理於事事物物，則事事物物皆得其理矣。
> （同上）

就良知說而言，其工夫的第一義乃在於良知的自我充實是否圓足地
實行，良知一念是否完全體現其真誠。就朱子學的立場而言，良知
擔負一切道德責任，是對理的反逆；然而以定理抑制心（生命），則
定理即死理。為避免理的僵化，由理而心的根源性的轉換，是有其
歷史現實的必然性的。

　　良知自我充實的體現，終導致以「性＝理」為主體之「定理」
論架構的瓦解，代之而生的是相應於物理人情之自在無礙的實理。
此實理乃是儒家傳統下的產物，因此在佛家的眼下，依然不免有世
俗性的痕跡。但是荒木見悟先生以為自定理解放的良知，若充分地
發揮其「自由的本分」，進而展開其「無的躍動」，則類似禪的「無
善無惡」的思想即應運而生。此良知所展現的「本來性—現實性」
之雙重結構，確實有其特異於朱子學與禪學，而具有獨創性的所在。
畢竟良知若通過性善論的媒介而復歸於定理，或將接近朱子學而穩
定化；反之，若通過無善無惡的媒介而強化對定理的排拒，或將接
近禪學而激烈化。又由於此激烈化的內部包含著世俗的情緣，故具
有感性的衝動的性格，因而開拓了反逆於因襲傳統的途徑。不論陽
明是否有明確的意識，當良知說以打破定理為第一要義而提出時，
即具有生成反逆狂濤的實質了。

　　陽明以良知説爲本而提出的知行合一之説，頗受後世學者的非難。如顧憲成以陽明有既説知行合一，卻又隨處分説知與行的矛盾。本來一而二，二而一的知與行，即便「合言、分言、專言、互言」的自在流動，亦無窒礙；但是固執於「合一」而説「彌縫策」，就有破綻了。（《顧端文公遺書·還經錄》第八條）張楊園則批評知行合一之説爲「邪説害人」，強調知行各有獨自的機能，相應於諸般情事而有先後、並進、離合、隱顯的適切順應，而保有其條理、血脈、全體與妙用。（《楊園全集·門人所記》第六條）陽明的知行合一説果真是採取唯一無二的絕對立場，而無視知行各有獨自機能的荒誕之論？荒木見悟先生以爲不然，畢竟陽明之提出知行合一説，是有其真意的。荒木先生説：陽明的良知説首先否定設立我物、內外、主客觀對立的前提，反對將實踐主體規定在「求理的境位」，預攝「求者」與「被求者」之間的界線，以把握「人—世界」的詮釋系統。朱子主張「性即理」，以爲相對於純善之性的情，有雜入非本來性存在的可能，因而區別之爲「本然之性」與「氣質之性」。但是陽明以爲「未發之中即良知，無前後內外，而渾然一體也。」（〈答陸原靜書〉，《傳習錄》卷中）即強調良知的當下圓滿性。在此意義上，相對於「性即理」而提出的「心即理」，其意義則在於由性情調和主義轉換成性情未分主義，亦即由中和主義的「本來性—現實性」轉變爲一體主義的「本來性—現實性」，以加深其主體的性格。至於知行關係的問題，朱子學以理（性）墮在氣質之中的可能，乃將人定位於本來性與現實性乖離的中間位置。當乖離的狀態到達極限時，就有可能產生「只有知而無行」或「只有行而無知」之兩極狀態。但是以「本來性—現實性」一如的立場，考察知行關係時，就

不像朱子學所預攝的知行分量交錯，區別知行的個別機能；而是知行爲渾然一體的定立。因此，所謂知行合一，不是先有知，又別有行，而後知行合一；是知行剛健不息而創造本體性基盤爲旨趣的。「知而不行」之知，其知即是無用，「行而不知」之行，其行亦是無用。又介於其中的種種知行的分量結合，亦是毫無意義的。「一節之知，即全體之知；全體之知，即一節之知；總是一箇本體。」（《傳習錄》卷下）此所謂的「本體」即是「良知」，乃是知行成立的根源。因此陽明説：「知行本體原是如此，今若得宗旨時，即説兩箇亦不妨，亦只是一箇。」（《傳習錄》卷下）以之探究陽明所説「知之真切篤實處即是行，行之明覺精察處即是知」（〈答人論學書〉，《傳習錄》卷中）的真意，即不在於以知行爲對象的精實觀察；知的真切篤實處即是「本來人」（本來性即現實性者）的居處，在「本來人」中，知的限定即是行的限定；行之明覺精察處亦是「本來人」安身立命的所在，在「本來人」中，行的限定亦是知的限定。這就是陽明的真意所在。

陽明學被朱子學批評爲脱離事理的空論，其實這是忽視良知説已經深入到社會性存在之人的具體生活一事。陽明學也被指摘爲與禪學類似，其實翻轉禪之空理爲實理的提出，是中國思想史上獨創性的哲學。由於陽明學拓展思想開放之道，才導致明末思想家輩出，形成百家鳴放，與前賢爭善的局面。❺

---

❺　此節的敘述，參荒木見悟著‧連清吉譯〈《新版佛教與儒教》的撰述意圖〉（此文爲荒木見悟先生應北京翻譯出版《新版佛教與儒教》一書之託而撰述的）。

三、辨彰「本來性——現實性」之思想關鍵辭彙而架構中國思想的詮釋系統

　　朱子學與禪學都說復歸本來性，而且都以本來性爲其論理的基點；而二者的爭辯也在本來性的共通基點上。朱子與陽明都說「去人欲，存天理」；但是二人的論述主旨卻有不同。至於「心學」廣爲禪學和宋明理學所使用，特別是禪學與陽明學的特質即在於此；然而禪學的心學與陽明學的心學畢竟是有差異的。辨彰禪學與宋明理學之思想關鍵辭彙而架構其詮釋系統，闡發中國近世思想的精髓，是荒木見悟先生的用心所在，其學問的精彩亦在於此。關於朱子學與禪學所述本來性的異同，荒木先生說：一般以爲朱子二分人的本性爲本然之性與氣質之性，其實朱子明白指出支配吾人氣質之性的是人本來純善的本性。朱子所說的「元初本心」就是本然之性。如此說來，朱子學是以「本來性」爲根底的。至於禪宗典籍亦隨處可見「本來」一語，特別是顯示禪之真義的「本來無一物」一詞更受廣泛使用，因此禪也是以本來性爲基底而展開其宗教的體驗。但是朱子學與禪學雖然都以「本來性」爲根底，其所指卻有不同。朱子學性善說的根據是《孟子》的四端說和《易經‧繫辭傳》的「一陰一陽之謂道，繼之者善也，成之者性也」。所謂「生生之謂易，是天之所以爲道也，天只是以生爲道，繼此生理者即是善也」，(《二程全書》卷3)即天地的生成是有一定的秩序，人即在此秩序中生成的。因此，人的本心即定著於天地生成的天理。天理又有不動的安定性，所以也稱之爲「定理」。換句話說，朱子以爲「理」是天賦於人的

心中，是人存在的保證。因此朱子說：「無是理，則雖有是物，若無是物。蓋物之終始，皆實理之所爲也。」（《朱子語類》卷64）即無「理」的話，萬物的存在雖有若無，此爲不變的常理。由此可知，朱子學的本來性就是天理，就是良善的本性。唯人是「中間性」的存在，兼有明暗兩面，良善本性的天理是與物體性、身體性的氣質同時並存的。故朱子常說「理墮在氣質之中」，甚且「氣強理弱」，理的靈動受到氣質的制約。因此，以窮究事物之理的格物致知爲宗旨的實踐論就產生了。朱子之所以強調居敬、涵養等實踐的方法，無非是彌補「氣強理弱」之本來性與現實性有裂縫的手段。再者，朱子之所以主張性善說和判別事物是非善惡，其旨趣即在顯現本性良善的天理或爲氣質所遮覆；其原本是存在的。

佛教稱本來性爲菩提，稱現實性爲眾生，是有因果的法則存在。澄觀說：「眾生智慧，是佛性因，菩提涅槃，是佛性果，然則佛性非因非果。」（《華嚴經疏》）此所謂的「佛性」即本來性，乃是超越因果的存在。若將佛性界定爲眾生，則佛性就是眾生；若界定爲菩提，則佛性就是菩提。因此，佛性是超越眾生與菩提的對立而實存的。換句話說，佛性總該眾生與菩提，而有本來性與現實性對比和超越對比的二重意義存在。亦即就總該萬有的一心＝佛性而言，眾生（煩惱）是與菩提一體化的，煩惱即菩提，菩提即煩惱，真妄是一體的。如此，本來之性與氣質之性，天理與人欲的對立意識就不存在了。朱子學雖說「理墮在氣質之中」；卻象徵著理的超越性權威性的存在。至於禪的總該萬有的佛性，則意味本來性有二重意義，超越且絕對的本來性是人先驗性的具有，在此之上，既沒有權威性天理的存在，也沒有追求天理的必要。朱子學基於「理一分殊」的

原則，執著於個個事物之理的漸進追求，以達到豁然貫通的境界爲究極。但是以渾然一心爲迷悟成否根據的禪，則以爲細微的分析意識，自始即是挫傷佛性的根本所在而完全否定。就此意義而言，朱子學的生命是理，禪學的生命就是心；朱子學是理學，禪學是心學。

其次關於朱子與陽明於「去人欲，存天理」之論旨的不同，荒木見悟先生説：朱子學的天理是由天命所賦與的先驗性的理；陽明學的天理則是由心的良知認定而産生的理。又朱子學所説的人欲，是背離天理；陽明學則是指致使良知判斷弛緩的行爲。由於此一論旨的差異，二者對性的主張即有不同。朱子學主張性善説；陽明學則既説性善，也主張無善無惡。何以陽明兼説性善與無善無惡，此與陽明學的良知説有極大的關連。陽明學良知有以事物爲對象的良知和作爲認識依據的良知的兩個意義。即良知對於既成的理或善惡的區別，不是毫無思索的接受，而是以良知的作用，重新作善惡的判斷。就作善惡判斷的層面而言，良知説即是性善説。但是良知亦可不受既成判斷的左右，即解脱傳統與因襲，而自由判斷。就良知保有自由解放的機能而言，良知又可以説無善無惡。陽明之所以兼説性善與無善無惡，或有其時代的感受。蓋當時假借性善之名而僞善橫行，形式禮節的官僚社會惡習滋生，革除此惡習而回歸於真善禮誠的社會，或爲陽明熱切渴望的所在。陽明以爲若不深入探究人的本心所在，則頹廢社會的更生之道就無從而生。無善無惡即是可能産生達到極善的動力。

至於禪學的心學與陽明學的心學的差異。荒木見悟先生説：一般以爲「禪即心」，究極禪的心的根本意義，則是《華嚴經》所説的：「心佛眾生，是三無差別。」此所謂的「心」，澄觀稱之爲「總

該萬有之一心。」即不是與物相對的心，也不是相對於客觀的主觀，而是主客兼容、內外並包的絕對主體。《大乘起信論》説眾生之心所保有本來的覺悟，叫「本覺」，本覺爲煩惱所遮蔽，叫「不覺」。不覺由於本覺的牽動而逐漸覺醒，叫「始覺」，始覺之後，漸積修行，終復歸於本覺。此「本覺—不覺—始覺—本覺」循環的樞紐，即是絕對主體的佛心。禪宗即強調心的作用昇華，只要能確立本來具有的自覺，就有成佛的可能。

陽明説：「聖人之學即心學」，學問的目的不在於窮理而在於盡心。唯陽明並不主張像禪宗所説的理障，而是強調理在心中的絕對性存在，陽明稱此心爲良知。良知異於禪的心，而能大分別、大思量，故能不拘束於傳統的「定理」，而創出滿足於己心的理，人即根據此理而行動。客觀界的事物雖有萬般諸相的存在，但是人可以根據良知的感受，衡量事物存在的實態，以自身的價值觀和人際關係，做存在價值的判斷與行爲的準據。此「心即理」的主張在佛家的眼下，依然不免有世俗性的痕跡，但是良知説體現人存在於社會的價值，乃是儒家傳統的歸結。就此意義而言，禪學所謂「本來性—現實性」的思想架構是空理，陽明的「本來性—現實性」則是實理。❻

---

❻　此節的敘述參荒木見悟著·連清吉譯〈朱子學與大慧宗杲〉（台北：中央研究院中國文哲研究所《國際朱子學會議論文集》，頁795-816，1993年5月）；荒木見悟著·連清吉譯〈陽明學的心學特質〉（台北：中央研究院中國文哲研究所《中國文哲研究通訊》2卷4期，頁1-8，1992年12月）。

結語：探究儒佛的流變與會通而以哲學史家
為究極的荒木見悟先生

　　荒木見悟先生以其生命才情繼承師説，鑽研中國近世的學術思想，樹立九州爲日本當代中國學界研究宋明哲學重鎮的地位。荒木見悟先生以佛學與儒學的窮究爲職志，既析理中國近世思想史的流變，又辨明佛教與儒教，特別是唐代以來禪學、朱子學、陽明學三者的異同和會通。荒木見悟先生於學問思辨與會通的詮釋，可謂是析理分明而壁壘森嚴。綜括荒木見悟先生的學問性格，或許可以説是唯一絕對之真善的執著。人生的目的唯著述立説之外無他，數十年如一日的沈潛窮究，乃是荒木見悟先生的寫照。若以朱、王之辨來説，荒木見悟先生的學問是近於朱子學格物窮理的「理學」。蓋程伊川以仁爲「公而以人體之」，以仁爲未發之性，愛爲已發之情，朱子即據此而發展爲心統性情，性爲未發之體，情則是已發之用的論理性體系。又程明道説：「器即道、道即器」，伊川則以之爲兩層的存有，朱子即發展伊川之説，主張道有「當然」和「所以然」的兩階意義，而提出其體用論。即

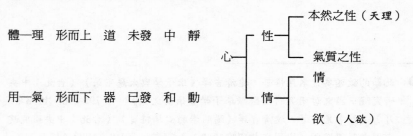

體—理　形而上　道　未發　中　靜　　　　　　┌ 本然之性（天理）
　　　　　　　　　　　　　　　　　　　　　　性┤
　　　　　　　　　　　　　　　　　　心┤　　└ 氣質之性
　　　　　　　　　　　　　　　　　　　└情┌ 情
用—氣　形而下　器　已發　和　動　　　　　　└ 欲　（人欲）

故伊川、朱子的學問可謂是具有分析性的論理思辨。❼就此思想性格而言，荒木見悟先生的學問是取徑於伊川、朱子的路數。

---

❼　明道與伊川的思想論述及朱子體用論的思想架構，參島田虔次《朱子學と陽明學》，東京：岩波新書，頁44-62、93，1972年2月。

附錄：九州當代中國學

——優遊於中國古代思想史與日本漢學二領域的町田三郎先生

關鍵詞 先秦思想　日本漢學　橫向連屬　東北諸子學　先哲學問

一、先秦的研究是思想史的研究

　　日本東北大學是先秦諸子研究的重鎮，武內義雄開啓其端緒，金谷治繼承師說，潛心於周秦、兩漢思想的研究，爲今日日本研究中國古代思想史的大家。町田三郎先生出身於東北大學，在武內、金谷二氏所開創先秦諸子研究的學風下，町田先生於大學時代，即專注於周秦、兩漢思想的研究。《秦漢思想史研究》即其研究成果。

　　町田先生以爲宋、明理學的研究是哲學研究；先秦諸子的研究是思想史的研究。即宋、明理學的研究，於哲學資料解析的基礎上，

宜有自身的思想體系，換句話說，其終極在自身成爲哲學家或思想家。至於先秦諸子的研究，則是結合思想與歷史的研究，即解釋歷史資料的問題點及此問題點產生的原因。如果列舉當代的代表學者，研究先秦的是貝塚茂樹和全谷治，闡述宋明的是島田虔次和荒木見悟。❶

　　町田先生關於秦漢思想史的研究，見於上述的《秦漢思想史研究》。至於先秦、兩漢諸子的研究，則有《孫子》譯注、《呂氏春秋》譯注、《韓非子》譯注、〈關於管子侈靡篇〉、〈關於揚雄的賦〉、〈後漢思想史研究序〉等。諸研究中，值得重視的是詮釋系統與考證方法的提出。例如對《呂氏春秋》的解說，町田先生以爲：

> 〈十二紀〉是以時令為主導，敘述當令的自然現象與人間世的諸事象，其主旨在說明天道與人事相應之道。〈八覽〉、〈六論〉的文章結構則未必如此清晰。是以〈有始覽〉諸篇篇末的「解在……」之文為經，其他各覽、論有相應於「解在」的敘述為緯，而形成類似於經、解的形式。即〈有始覽〉是經、〈孝行覽〉以下的則是解說。因此，就文章的結構而言，〈十二紀〉與〈八覽〉、〈六論〉並非同一時期撰述的。❷

---

❶　町田先生於1992年12月，在臺北舉行的第二屆新儒家國際會議上，以〈關於戰後日本的儒教研究〉為題，介紹日本當代代表學者的研究成果。

❷　關於《呂氏春秋》〈八覽〉、〈六論〉的文章結構與思想要旨等問題，詳述於町田先生所撰《呂氏春秋》（講談社，1987年）的解說。譯文參見町田三郎著·連清吉譯《日本幕末以來之漢學家及其著述》（臺北：文史哲出版社，1992年）。

又如《韓非子》的解說，町田先生指出：

> 《韓非子》五十五篇，就文章的形式而言，可分為三部分：
> （甲）〈初見秦第一〉——〈大體第二十九〉、（乙）〈內
> 儲說上〉〈七術篇第三十〉——〈難四篇第三十九〉、（丙）
> 〈難勢篇第四十〉——〈制分篇第五十五〉。要言之，（乙）
> 為寓言體的論辯；（甲）和（丙）是敘述性的議論文。而（乙）
> 的部分，又由於文章結構不同，〈內儲說上〉〈七術篇〉為
> 經、解的形式，姑稱之為（乙1）；〈難篇〉四篇為疊床式架
> 構，姑稱之為（乙2）。且就內容而言，〈內儲說上〉〈七術
> 篇〉與（甲）的諸篇，是一般性政治訓誡的敘述；〈難篇〉
> 四篇與（丙）的諸篇，則有法家思想的提出。因此，《韓非
> 子》的篇卷分合，可區別為（甲）、（乙1）、（乙2）和（丙）
> 等類。❸

另外，九流十家的學術淵源探討，町田先生以為：

> 各家中的諸子固然有先後、即縱的「學統」的關係，但是在
> 思考彼此思想的異同時，以為其有左右、即橫的聯屬關係，
> 也未嘗不是一合理的解釋。畢竟，思想未必只是縱的相對關
> 係；學派間的相互影響而形成新的思想學派。如戰國末期至
> 漢初的《管子》、《呂氏春秋》、《淮南子》等即是。一言

---

❸ 關於《韓非子》篇卷分合的問題，見於町田先生所撰《韓非子》下（中央
公論社，1992年）的解說。譯文參見上述的《日本幕末以來之漢學家及其
著述》。

以蔽之，三書皆是取諸家之長而成的百科全書式的雜家之書。另外，說明「老莊異同」的問題時，以為本來有「原始道家」的存在，《老子》與《莊子》的纂述者，則各有承受。故雖同屬道家的老莊，也有《老子》重在「自然之道」；而《莊子》則講「齊物論」而「逍遙遊」的實存哲學之不同。又如馬王堆帛書《五十二病方》的成書，與其說早於《黃帝內經》；不如說二書源於「原始醫家」，而後輾轉相傳，發展屬於北方系統的《黃帝內經》和南方系統的《五十二病方》。因此，九流十家的形成，或可用如《春秋》與《春秋三傳》之經傳式的關係來說明。

至於綜合性學說的形成，如道教的產生，以為興起於東漢的主張，未始不是一說。而《楚辭》〈九章〉中的迎神歌舞，是否是道教儀式的前身；古代綜合性藥物的使用方式，是否也是丹藥提煉的引子。換而言之，道教的形成，如《呂氏春秋》等雜家的成書，是逐漸形成的，其思想也是綜合性的。❹

二、繼承學統的日本漢學研究

　　町田先生於十年前撰寫〈西村天囚論〉一文，引發其對日本漢學的關心。三年後，以安井息軒為中心，展開「幕末、明治漢學的

---

❹　町田先生以為《呂氏春秋》是經過三次編輯而成的。秦八年完成的〈十二紀〉是第一次；入蜀以後的〈八覽〉、〈六論〉是第二次；紀、覽、論合輯的是第三次的編輯。

系列研究」。何以對西村天囚有關懷，町田先生說是「學統」的繼
承。町田先生出身於東北大學，是東北大學第一任中國學教授武內
義雄的再傳弟子。武內義雄受業於內藤湖南、狩野直喜；而影響最
深的人師是西村天囚。町田先生之所以研究西村天囚，即淵源於此。
此後除了研究中國的學問以外，也開始關切日本的漢學。

　　一九八五年出版《秦漢思想史研究》以後，固然持續撰述中國
思想史的論文；而主要的關懷則在於日本幕末、明治的漢學家及其
著述的研究。一九八六年到一九八九年的三年間，先後發表〈安井
息軒論〉、〈安井息軒之《管子纂詁》〉、〈安井息軒之《北潛日
抄》〉等系列研究。至於何以研究安井息軒，町田先生指出：自從
三十多年前撰寫〈關於管子『幼官』考〉、〈關於管子四篇〉以來，
在以「黃老道」為中心的先秦兩漢道家思想史的研究主題下，即以
《管子》一書為研究的重點之一。近十年來，又著手研究日本江戶
時代的漢學，自然而然地，也留意先賢於中國典籍的注釋。安井息
軒的《管子纂詁》即是中、日《管子》注解中，極為精詳的注本。
其成書原由與息軒卓著的研究成果，誠有探究的必要。另外，《北
潛日抄》雖是安井息軒的晚年日記，卻也是理解明治維新之際的時
代動態和動亂期幕臣的忠心的貴重資料。

　　此後，關於日本漢學家的論述，有龜井南冥·昭陽父子、岡松
甕谷、竹添光鴻、楠本碩水等人的研究。以上的學者（包含安井息軒）
都是出身於九州的漢學家。此固然是以任教所在——九州地區為基
點而進行的地域性研究，蘊涵有發揚前賢學術的用心；然而更值得
注意的是，此一系列的研究是承繼西村天囚的《九州巡禮》之後，
深具系統性的九州漢學家論。

順著時代的推移，繼幕末漢學之後，町田先生的研究也延伸至明治漢學的探究。其研究是以安井息軒與西村天囚為主線而展開的。

活躍於幕末漢學界的是，被稱譽為文久（1861-1864）三博士，且為幕末昌平黌教授的安井息軒、鹽谷宕隱與芳野金陵。而三人中，對後世日本漢學的發展有深遠影響的是安井息軒與鹽谷宕隱。因此，町田先生除了上述有關安井息軒的系列研究外，也有〈鹽谷宕隱的六藝論〉、〈鹽谷宕隱與中村正直〉的撰述，以闡揚鹽谷宕隱的學術成就。

明治維新以後，堪稱漢學大師的是東京大學教授重野成齋與島田篁村。此為町田先生論述〈重野成齋及其學問〉與〈島田篁村學問之一斑〉的客觀因素。而其主觀因素則是，重野成齋不但是西村天囚的同鄉父執，且是受業之師。西村天囚之所以由種子島赴東京，即從遊於重野成齋門下之故。而在其考取東京大學古典講習科之前，曾入學島田篁村的雙桂精舍。因此，町田先生有上述二文的撰寫，以說明重野成齋與島田篁村的學術成就及其在學界的地位和影響。重野成齋（1827-1910）精於史學，明治維新後，真除文部省（教育部）編修官，受任東京大學文科大學教授，主編《國史眼》七卷、《編年日本外史》十六卷等書。明治十二、三年先後創立「斯文學會」、「麗澤社」，於明治期文運的維持與振興有極大的貢獻。島田篁村歷任昌平黌助教、東京大學教授。於中國古典的涉獵極為廣博，於《三禮》尤有專攻，且是日本將清代考據學當作經學研究的第一人。更值得一提的是門下弟子頗多特出者，如服部宇之吉為東京大學教授、狩野直喜為京都大學教授、安井小太郎（安井息軒的外孫）為一高教授，皆能光大其學術。因此，可以說島田一門是明治中

期至昭和初期的漢學界的主導。

島田篁村的門下弟子中最值得推崇的，町田先生以爲是服部宇之吉。服部宇之吉著有《孔子教》、《儒教倫理概論》等書。然而町田先生以爲服部宇之吉於漢學界有卓著貢獻的是《漢文大系》的編輯。《漢文大系》二十二卷，爲時人研究漢學必備的叢書。所收集的書籍，就四部分類而言，雖然有側重子、集而經、史不足的缺憾，但是，此正反映江戶時代專注於諸子研究的學界現象。至於其注疏的選擇，不但有中國的，尤其是清人的；也有江戶漢學家的。換句話說，既重視中國傳統與近代的學術成果，也極推崇前人的考證訓詁之功。再者，糾合當時一流的學者，撰述所輯各書的解題，以爲理解中國古籍的門徑。其兼容並蓄、整理統合之功，對後世中國學的研究，有極大的貢獻。

明治十六年成立、二十一年廢止的東京大學古典講習科，雖然只有五年的歷史；而入學者皆一時俊秀，除西村天囚外，尚有以《史記會注考證》知聞於世的瀧川龜太郎、歷史學家市村瓚次郎、專攻日本漢學史的岡田正之、甲骨學家林泰輔等人，對明治以後的中國學研究有極大的影響。故町田先生有〈東京大學古典講習科諸生〉的撰寫。

在町田先生的幕末、明治漢學的研究中，尚有關於岡鹿門、遠藤隆吉的論著。岡鹿門生於幕末的仙臺藩，東北大學在仙臺。遠藤隆吉出生於群馬縣，是町田先生的故里前輩。緬懷前人而闡述其學術成就，或爲町田先生撰寫二人生平事跡的原因所在。至於二人的研究，町田先生指出：岡鹿門雖未必有足以藏諸名山的不朽之作；與重野成齋相善，有文名，著有《觀光紀游》。此書與竹添光鴻的

《棧雲峽雨日記》並稱爲中國遊記的雙璧，因此，頗值得研究。如
果比較二遊記，《棧雲峽雨日記》寫華北、西北、蜀地的風土民情；
《觀光紀游》則以華中、華南爲主，敍述當時的景物和時勢。二書
文質並茂，誠爲明治期以漢文撰寫中國遊記的代表作。然而二人的
觀點卻有不同。竹添光鴻以憧憬中國的心境，敍述其心儀已久的歷
史情懷，全篇洋溢著讚美驚嘆。岡鹿門雖有勝景的描寫，主要是以
先進國家的觀點，指陳清代政治腐敗與民風的頹廢，進而疾呼起弊
振衰之道。《棧雲峽雨日記》寫於明治九年；《觀光紀游》寫於明
治十七年。明治十年，西南戰役結束，日本國內政治安定，西化風
氣熾盛，儼然有亞洲中的先進國自居的態勢。因此，二人觀點的不
同，或可反映明治時代日本學者於中國觀的演變情形。

　　關於遠藤隆吉的研究，町田先生有〈遠藤隆吉論〉和〈遠藤隆
吉之《過眼則錄》〉二文的發表。遠藤隆吉是井上哲次郎的弟子，
受其師「東西折衷論」和所著《日本古學派之哲學》、《日本朱子
學派之哲學》、《日本陽明學派之哲學》三部日本漢學史的影響，
於是以社會史和通史的觀點撰述《中國思想發達史》一書。此一撰
述方式，異於歷來傳記式的中國思想史著作，因此，可以說遠藤隆
吉是日本以通史的觀點，寫作中國思想史的第一人。至於《過眼則
錄》，是遠藤隆吉晚年的日記。雖爲個人的日常生活瑣記；由於鉅
細靡遺，當時的政治情勢、社會狀況、天候變化、家計民生等，無
不記錄。故爲探討當時社會狀況之極爲貴重的資料。

　　江戶幕府二百五十多年，首先登上學術殿堂的是，立爲官學的
林家朱子學。其後，中江藤樹的陽明學派、山鹿素行的古學派、伊
藤仁齋的古義學派、荻生徂徠的古文辭學派、井上金峨的折衷學派、

松崎慊堂的考據學派等先後擅場。關於江戶漢學的流變大勢或各學派主要學者的學術成就，學界不乏精詳的研究。然而，對於綜集學術大成的幕末漢學與居於承先啓後之學術地位的明治漢學，則甚少精彩的研究。就日本漢學史的探究而言，此一現象，自然有不夠周延的缺憾。町田先生之所以從事幕末、明治期的漢學研究，即著眼於此。其九州漢學家的諸論述與以安井息軒和西村天囚爲基點而進行的幕末、明治漢學家系列研究，正足以裨補素來研究的闕漏。❺茲以圖顯示町田先生的九州漢學家論與幕末、明治漢學系列研究。

九州漢學家論

> 龜井南冥・昭陽（福岡）、楠本碩水（長崎）、安井息軒（宮崎）、
> 岡松甕谷（大分）、竹添光鴻（熊本）、重野成齋、西村天囚
> （鹿兒島）

幕末、明治漢學家系列研究

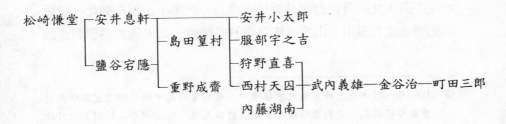

三、三十年如一日的平凡日子

　　町田先生是金谷治先生的大弟子，二人的研究取向極為相近，都有《秦漢思想史研究》的著作，但是，在處世態度上則近於曾我部靜雄先生。❻猶如武內義雄學承內藤湖南、狩野直喜，而行誼則近於西村天囚。町田先生說：

> 曾我部靜雄先生不善交際，勤於研究著述。東北大學任教的幾十年間，幾乎每日都埋首於研究室，即使是年節假日也不例外。為人則如《論語》所述的「望之儼然、即之也溫」。於《周禮》、中國稅制和日本古代史均極為特出。

　　町田先生自一九六四年講學東北大學以來，朝八夕五的規律性在校研究生涯，至今將屆三十年，始終不變。町田先生以為日本自元祿期（1688-1704）古學派盛行以後，政教分途，知識分子的社會地位不高，其所發言也未必深具影響力。然而，正因為如此，江戶期的學者才有風雨名山的不朽之作傳於後世。如果稱此為學問意識

---

❻　1960年，町田先生於東北大學在學中，受到當時的中國學研究室主任教授曾我部靜雄先生的影響極深。曾我部靜雄先生，明治34年（1901）生於德島縣，昭和2年（1927），畢業於京都大學文學部東洋史學系，15年（1950）任教東北大學。主要著作有《宋代財稅史》、《均田法とその稅制制度》、《中國及び古代日本における鄉村形態の變遷》、《日中律令論》、《律令を中心とした日中關係史の研究》、《中國律令史の研究》、《宋代政經史の研究》等書。

的執著，此正是町田先生學問生涯所安之處。町田先生在一次閑談
中，笑著說：

> 大學教師的生活是極其平凡的。然則，平凡日子的積累是有
> 意義的，且生存的價值也由此而生。

今日日本的大學教授的社會地位未必不高，對社會的發言權也未必
不具備。但是，在安定的環境中，安於所處，孜孜的研究，則是町
田先生的執著所在。先秦、兩漢思想史和幕末、明治漢學的近百篇
論文，是其三十多年來研究生涯的成果。

附錄：九州當代中國學

——以道學自任的福田殖先生

關鍵詞　九州宋明學　元代理學　道學　韓國儒學

一、師承淵源

崎門學派（朱子學）

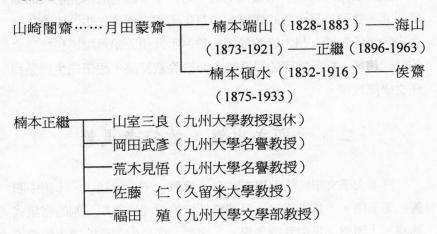

山崎闇齋……月田蒙齋┬── 楠本端山（1828-1883）────海山
　　　　　　　　　　　│　　（1873-1921）──── 正繼（1896-1963）
　　　　　　　　　　　└── 楠本碩水（1832-1916）──── 俟齋
　　　　　　　　　　　　　　（1875-1933）

楠本正繼┬── 山室三良（九州大學教授退休）
　　　　├── 岡田武彥（九州大學名譽教授）
　　　　├── 荒木見悟（九州大學名譽教授）
　　　　├── 佐藤　仁（久留米大學教授）
　　　　└── 福田　殖（九州大學文學部教授）

　　日本帝國大學時代的學風皆有其極爲保守的傳統，中國哲學的研究也不例外。關東的東京大學和關西的京都大學是以經學研究爲主流。武內義雄先生出身於京都大學，其先秦諸子的研究是戰後日本學界的第一人。雖然如此，也只能在偏處於仙台的東北大學開創諸子研究的先聲。金谷治先生和町田三郎先生繼承發揚。楠本正繼先生自德國留學回日本，以精通西洋哲學而延邀爲東京大學中國哲學教授；據稱楠本正繼先生或爲了祖述崎門學派楠本家朱子學，婉拒東京大學的延聘，而接受故里（長崎）所在的九州大學的禮遇，擔任中國哲學研究所的首任教授。以西洋哲學的體系注入宋明理學的研究。在任中，獲得美國洛克斐勒基金會的贊助，成立宋明思想研究所，收藏中國古籍，特別是有關宋明理學的明清刊本的搜羅，更是不遺餘力。使九州大學的中國哲學研究所成爲日本宋明理學研究的重鎮。

　　福田殖先生爲楠本正繼先生晚年的弟子，潛心於宋元明代的儒學研究，並旁及日、韓的儒學。1974年繼岡田武彥先生、佐藤仁先生之後，任教於九州大學教養部。1994年九州大學爲順應科技整合的時代趨勢，採行院際的學系整合而廢除教養部，福田先生於是轉任文學部教授。

二、「即之也溫」的儒者風範

　　日本大學文學院的教學方式有「演習」、「講義」、「集中講義」等三種。「集中講義」是聘請外校的教授作爲期一週的密集式講課。「講義」是由教授講課。「演習」則是由選課的學生輪流擔

任文獻解讀，再由教授補充講解。亦即授課的教授在學期開始第一節課，講授課程大綱、教材要旨、參考文獻及指定教科書，並由助教排定學生擔當表。第二節課以後，則由擔當的學生分章逐句的訓解教材內容的意義，並說明文獻的典故出處。然後再由授課的教授質疑問答、補助說明。由於教授寬嚴不一，學生的負擔也自然不同。

　　一九八七年十月下旬某日，福田殖先生在九州大學文學部中國哲學史研究所開授「元代思想資料——吳澄的《易纂言》」的「演習」課程。依照慣例，先由擔當的學生作文獻的解讀、內容意義的分析及出典來源的說明。當日擔任解讀的是三年級的學生，於宋元儒學未必能全盤理解，由於有充分地預習，雖有欠妥之處，也不甚多。再一個段落以後，以稍有不安的神情謙遜地請求福田殖先生講解。福田殖先生在徵求其他選課學生的意見以後，和顏悅色地說：「學派分殊，訓解不一。中國原典的疏解如此，日本式的漢文訓讀亦然。因此，某君上述的訓解雖非最精確；於理可通，亦無不可。」該生聞言之後，神情才為之釋然。

　　下課之後，和博士班的研究生談起福田殖先生諄諄善誘、與其進不與其退的教學方式，頗得孔門精髓。幾位博士班的學生說：「福田殖先生在教養部教書，不但在教學上，能以深入淺出的解說，引發學生的興味，為人更有『即之也溫』的儒者風範，因此甚得學生的愛戴。」

　　近五年以來，日本文部省（教育部）鑑於戰後五十年的大學教育成果不彰，實施大學教育改革方案，指示各國立大學研擬跨院際的科系整合計畫。教養部的廢除，是其中的一個步驟。九州大學即於一九九四年將教養部廢止，教養部的教授則依照專攻而歸屬至各學

院。福田殖先生以中國學的專攻而改隸文學院。

或許是因緣際會，福田殖先生與町田三郎先生同時於一九七四年至九州大學任教。以文相輔，相知相得。町田先生專攻先秦、秦漢諸子和日本漢學；而宋明理學非其所長，非但聘請福田先生至文學部中國哲學研究所講課，凡是有學生志在宋明儒學的研究，則敦請福田先生指導。福田先生在教養部講授中國學，非但能發揮中國古典的精髓，亦盛稱町田先生是當前日本學界研究中國諸子學的權威之一。兩位先生的契得，使九州大學的中國哲學研究能與東京大學、京都大學鼎足而立於當代日本中國學界。

福田殖先生於五年前，兼任九州大學教養部圖書館館長，又於三年前，繼町田三郎先生之後，任九州中國學會會長。蓋以學殖贍富，以道學爲己任，乃文質彬彬的君子，誠眾望之所歸。

三、以道學自任

一九九二年九月，淡江大學中國文學系周彥文教授獲福岡市太平博覽基金會獎學金，至九州大學訪問研究半年。其間，得福田殖先生的引薦，赴九州大學教養部圖書館，作明版、朝鮮本及珍貴和刻本的調查工作。其後，到研究室拜訪福田殖先生。當時，中國文學的教授合山究先生也在座。閒談中，周教授問及福田先生的學術性格時，福田先生說：「吾以道學自任，以道學家爲修己治人的終極。」周教授聞言之後，頗有狐疑之狀，欲言又止。合山先生見狀，解釋福田先生的意思，說：「周先生，福田先生自稱的道學家，不是中國人所說的『假道學』的道學家；而是讀孔孟聖賢之書，治程

朱陸王之學，所事者斯文之道的道學。這是日本人掉書袋的話，不過也有其學術尊嚴的一面。」

福田殖先生的學問是以中國近世思想，特別是宋、元、明的儒學思想爲主。以學者爲研究的對象而言，宋代的范仲淹、胡安國、朱熹、張栻、陸九淵，元代的許衡、吳澄，明代的吳與弼、陳獻章、王陽明、羅洪先等人的思想特色的考察及其在中國儒學發展史的地位的探究，是福田先生的研究主題。至於有關朱子的基本資料，即對《朱子語類》的版本也進行校勘著錄的工作。

中國周邊地區的儒學，尤其是朝鮮、日本，即東亞儒學思想開展的研究，由於與宋明儒學有密切的關連，也是福田先生的研究課題之一。韓國儒學的研究是以李氏朝鮮的代表的學者、李退溪的研究爲主。至於日本江戶時代的儒學，則以藤原惺窩（江戶儒學的始祖）、佐藤一齋（江戶儒學第二頂點、即化政期到嘉永安政年間、1804-1860林家朱子學者）、楠本碩水（江戶後期崎門派朱子學的代表學者）爲主，用以究明江戶時代儒學發展的經緯及其特色。

「中國文化對日本的影響」是福田先生學問的第三個課題。此一研究是以十七世紀來日的陳元贇和朱舜水的學術活動爲主，探討明代儒學對德川幕府的藩政體制與學術文化的影響情形。

福田先生的講述生涯中，除了在大學的傳道授業與著述立說之外，又值得一提的學術活動是民間講學。福岡市西日本新聞會館開設中國古典講座，福田先生主其事。不僅口授斯道的義蘊與古典文學的辭藻，亦曾率領生徒，暢遊「史記之旅」、「江南之旅」。以深入淺出的解說，傳授中國古典的奧秘，進而普及於民間各個階級。親往其境，體會於斯土而有斯文的道理，使憧憬的世界成爲眞實的

經歷。

　　如果說宋明儒學對其周邊地區的影響、日韓儒學的研究是福田先生學術生涯的內聖工夫，而民間講學的活動則是其身為道學者體現真實的實踐之道。

附錄：九州當代中國學

——戰後台灣儒學界與九州
中國學界交流情形

關鍵詞　九州爲日本宋明理學的重鎭　台灣承續中國學術傳統
　　　　台灣與九州的學術交流

一、前　言

　　清末民初中日學術交流是以北京、京都爲中心，羅振玉、王國維來日，與以狩野直喜、內藤湖南爲中心之京都中國學派進行活絡的學術交流，狩野直喜、內藤湖南、富岡桃華等人亦至北京進行學術調查。此時中日學者所關注的學問是中國出土的甲骨、鐘鼎、敦煌文物，而敦煌文物的研究更是當時的顯學，爲京都中國學派的代表的學問❶。至於此時的日本中國學界的學問則是以清代考證學爲

---

❶　清末民初中日學術交流的學術論文與往來書簡，頗見於京都支那學社所編
　　纂的《支那學》。至於此時的敦煌研究的情形則以神田喜一郎《敦煌學五

經，以江戶時代古學派的理性主義的精神為緯的考證學。❷

戰後（1950—），中國學術研究的傳統為台灣學界所承續，以九州大學為中心的九州學界的中國學研究也逐漸在日本中國學界嶄露頭角。

東京大學雖然有江戶幕府官學以朱子學為正統的學問傳統，但是明治以迄戰前，以東京大學為中心的東京學界幾乎成為政治的附庸。京都大學的中國學則以經學、特別是清朝考證學為中心。東北大學則開啟近代日本於先秦諸子研究的先聲；九州大學則為宋明理學的重鎮。

九州大學為帝國大學的舊體制，學院下的各學系採取講座制，講座的編制為教授、副教授或講師、助教各一名。九州大學文學院位於福岡的東區，中國哲學史講座（即中國哲學史研究所）於1926年5月成立，首任教授是楠本正繼先生❸。楠本先生為針尾（今長崎縣）

十年》的載記最為詳細。神田喜一郎《敦煌學五十年》的研究，參連清吉〈神田喜一郎及其《敦煌學五十年》〉，台南：第一屆台灣儒學研究國際學術研討會論文集，頁471-491，1997年4月。

❷ 京都中國學派的學問是以考證學為主的說法，見於小島祐馬〈通儒としての狩野先生〉，1948年4月，京都：《東光》第五號，頁7-12。至於京都中國學派之考證學的形成，詳見於坂出祥伸〈中國哲學の回顧と展望——通史を中心として〉，《東西シノロジ——事情》，頁52-72，東京：東方書店，1994年4月。京都中國學派的學者以此考證方法注疏中國經典的情形，則見於張寶三〈日本近代京都學派對注疏之研究〉，《唐代經學及日本近代京都學派中國學研究論集》，頁135-253，台北：里仁書局，1998年4月。

❸ 有關楠本正繼先生的學問，參岡田武彥《わが半生・儒學者への道》，東京：文言社，1990年11月，荒木見悟《釋迦堂への道》，福岡：葦書房，1993年9月，岡田武彥〈我的生涯與儒教——追求體認之學的歷程〉，台北：《中國文哲研究通訊》6卷2期，頁85-102，1996年6月。

儒者楠本端山、碩水的後人，於東京帝國大學畢業後，留學德國。返國後，應聘九州帝國大學法文學部教授，以德國哲學講授中國思想。其後，繼承以山崎闇齋學派之朱子學爲主的家學，鑽研宋明理學，因而獲得美國洛克斐勒基金會的贊助，蒐羅宋明文集，於九州大學文學院成立宋明思想研究中心，建立九州研究宋明理學的基礎。楠本先生的高弟有岡田武彥、荒木見悟二人。岡田武彥先生（1908— ）傳道於九州大學教養部；荒木見悟先生（1917— ）則授業於九州大學文學院。岡田武彥先生亦治宋明，於陽明學尤有洞見，而倡「身體説」❹。荒木見悟先生博覽宋明文集與佛家經典，故能融通宋明與佛學❺。岡田武彥先生宏識博通而荒木見悟先生綿密精微，有九州二程子的美稱，並且樹立九州大學的宋明理學研究於戰後日本中國學的地位。繼荒木見悟先生之後，擔任中國哲學研究所教授的是町田三郎；而接續岡田武彥先生的是福田殖。福田殖先生（1933— ）爲楠本正繼先生的晚年弟子，精通宋明理學而兼及元代儒學。

---

❹　有關岡田武彥先生的學問生涯，參王孝廉〈一個儒學家的人生歷程——岡田武彥先生的治學與生平〉，《花落碧巖》，頁187-207，台北：時報文化出版公司，1986年4月；岡田武彥《わが半生・儒學者への道》，東京：文言社，1990年11月；岡田武彥〈我的生涯與儒教——追求體認之學的歷程〉，台北：《中國文哲研究通訊》6卷2期，頁85-102，1996年6月；難波征男《岡田武彥・張岱年對談　簡素と和合》，福岡：中國書店，1999年5月。

❺　有關荒木見悟先生的學問生涯，參〈荒木教授年譜略・著作目錄〉，《荒木教授退休記念中國哲學史研究論集》，福岡：葦書房，1981年10月；荒木見悟《釋迦堂への道》，福岡：葦書房，1993年9月；荒木見悟〈我的學問觀〉，台北：《中國文哲研究通訊》3卷1期，頁35-48，1993年3月。

爲人溫柔敦厚，有九州道學先生之稱❻。

　　町田三郎先生（1932—　　）出身於以先秦諸子研究爲重鎮的東北大學，繼武內義雄、金谷治之後，潛心於周秦、兩漢思想史的研究。赴任九州大學後，兼治日本江戶、明治以來的漢學，是當今日本中國學界研究日本漢學的大家❼。町田三郎先生退休後，柴田篤接任中國哲學史研究所主任教授。柴田篤先生爲岡田、荒木二位先生的門下，以師說爲根底而別出蹊徑於明清天主教與中國儒學關係的研究。近年又以楠本家所傳承的崎門（即山崎闇齋）儒學爲中心，探究江戶時代（1603-1867）日韓儒學發展史。

二、戰後台灣儒學界與九州中國學界交流情形

　　首先到台灣講演的九州學者是岡田武彥先生。岡田武彥先生於1960年至美國哥倫比亞大學客座，而知交陳榮捷先生，結識唐君毅、柳存仁先生。1972年4月，由於京都中文出版社李迺揚的推薦❽，岡

---

❻　有關福田殖先生的學問性格，參連清吉〈以道學者自任的福田殖先生〉，台北：《中國文哲研究通訊》5卷2期，頁13-20，1995年6月。

❼　有關町田三郎先生的學問特質，參連清吉〈優遊於中國古代思想史與日本漢學二領域的町田三郎先生〉，台北：《中國文哲研究通訊》3卷4期，頁51-62，1993年12月；〈町田三郎教授略年譜及び研究業績目錄〉，《町田三郎教授退官記念中國思想史論叢》，福岡：中國書店，1995年3月。

❽　李迺揚爲張其昀的知交，爲滿州、朝鮮史、目錄學的專家。經營中文出版社，收藏珍貴漢籍，有功於日本中國學的發展。岡田武彥先生由於李迺揚的推薦而獲中華學術院榮譽哲士一事，見岡田武彥先生《わが半生・儒學者への道》，頁327-330，福岡：思遠會，1990年11月。

田武彥先生獲頒中華學術院榮譽哲士。岡田武彥先生於學位贈與的
講演中，敘述恩師楠本正繼傳道解惑的再造之恩。錢穆先生聞言而
嘆曰：「斯道猶存於東瀛。」

　　繼陳、岡田二先生的交遊之後，開啓台灣儒學界與九州中國學
界交流之端緒是黃錦鋐先生與荒木見悟先生。1979年2月，黃錦鋐先
生❾在大阪大學木村英一先生的引介下，到九州大學荒木見悟先生主
事的中國哲學史研究所訪問研究。當時中國哲學史研究所的副教授
是町田三郎，中國文學史研究所的外國人講師是劉三富❿。劉三富先
生是黃錦鋐先生任教於淡江文理學院時的受業學生，在劉三富先生
的通譯協助下，黃錦鋐先生與荒木見悟先生亦師亦友，相得甚歡；
黃錦鋐先生與町田三郎先生則跨越國界而成爲平生知己。黃錦鋐先
生返國之後，得劉三富先生的助力，邀請九州學人到台灣做學術講
演或發表論文。町田三郎先生也在黃、劉先生的介紹下，積極地邀
請台灣的學者到九州訪問、講演和發表論文，又招收台灣的留學生，
研究中國哲學與日本漢學，台灣儒學界與九州中國學界的交流乃臻
於鼎盛。其象徵性的成果則是2001年6月於台北文史哲出版社出版
《慶祝莆田黃錦鋐教授八秩日本町田三郎教授七秩嵩壽論文集》，
2001年12月於台北學生書局出版《笠征教授華甲紀念論文集》與2001
年12月26日於淡江大學舉行的「中日文化比較學術研討會——劉三

---

❾　黃錦鋐先生先後於1961-1969至京都大學、1978年7月-1月至大阪大學、同年
　　2月-8月至九州大學訪問研究。1980年3月取得九州大學文學博士學位。

❿　劉三富先生（歸化日本、改名笠征）畢業於淡江文理學院，1968年留學九
　　州大學中國文學岡村繁先生門下，取得文學博士。歷任西南學院大學副教
　　授、九州大學外國人講師，現任福岡大學亞洲語言文化學系教授。

富讀書會」。

（一）九州學人到台灣做學術講演或發表論文

岡田武彥　中國文化學院講演（1972年4月）

中央研究院世界漢學會議發表論文（1980年8月）

中日韓比較文化會議發表「日本的新儒學」（1983年4月）

中央研究院中國文哲研究所講演（1992年12月24日「簡素的精神」、1993年3月、中國文哲研究通訊3卷1期、頁11-21）

中央研究院中國文哲研究所講演（1995年9月21日「我的生涯與儒教──追求體認之學的歷程」、1996年6月、中國文哲研究通訊6卷2期、頁85-102）

中央研究院中國文哲研究所日本近現代儒學研討會（1997年9月6日「楠本端山與幕末維新的朱子學‧陽明學」、1999年6月、儒家思想在現代東亞：日本篇、頁303-314）

荒木見悟　率團訪台並於淡江文理學院、師範大學講演（1978年4月3日-8日、4月4日於淡江文理學院講演「陽明學的心學」，4月7日於師範大學講演「陽明學與佛學」）

中央研究院中國文哲研究所講演（1992年7月31日「朱子學與大慧宗杲」、1993年5月、國際朱子學會議論文集、頁795-815）

師範大學講演（1992年7月31日「陽明學的心學特質」、1992年12月、中國文哲研究通訊2卷4期、頁1-8）

岡村　繁　淡江大學講演（1978年4月「詩經起於民間歌謠説」）

淡江大學淡江講座（1983年「中國文學專題三講」、1984年10月、淡江講座叢書57、台北：淡江大學）

中央研究院中國文哲研究所講演（1995年2月20日「孝道與情欲──後漢末期儒教的苦惱」、1996年12月、中國文哲研究通訊6卷4期、頁1-15）

町田三郎　第一屆中國域外漢籍國際會議（1986年9月27-29日「關於安井息軒的《管子纂詁》」、1987年12月、第一屆中國域外漢籍國際會議論文集、台北：聯合報國學文獻館）

第二屆中國域外漢籍國際會議（1987年12月17-19日「關於《棧雲峽雨日記》」、1988年9月、第二屆中國域外漢籍國際會議論文集、台北：聯合報國學文獻館）

第三屆中國域外漢籍國際會議（1988年9月13-16日「服部宇之吉及其所編《漢文大系》」、1990年11月、第三屆中國域外漢籍國際會議論文集、頁95-122、台北：聯合報國學文獻館）

逢甲大學講演（1989年3月18日「漢文大系」）

淡江大學淡江講座（1989年3月20、21日「日本幕末明治之漢學家」、1990年10月、淡江大學講座叢書86、台北：淡江大學）

第四屆中國域外漢籍國際會議（1987年7月2、3日「島田篁村學問之一斑」、1992年3月、日本幕末以來之漢學家及其著述、頁105-111、台北：文史哲出版社）

淡江大學宗教國際會議（1989年9月7-10日「薩摩半島的

媽祖信仰」）

第五屆中國域外漢籍國際會議（1990年12月2、3日「重
野成齋其人及其學問」、1991年12月、第五屆中國域外漢籍
國際會議論文集、頁51-69、台北：聯合報國學文獻館）

第六屆中國域外漢籍國際會議（1991年8月29日-9月1
日「關於岡鹿門《觀光紀游》」、1993年5月、第六屆中國
域外漢籍國際會議論文集、頁69-86、台北：聯合報國學文
獻館）

第七屆中國域外漢籍國際會議（1992年5月7、8日「依
田利用的《韓非子校注》及其他」、1995年10月、第七、八
屆中國域外漢籍國際會議論文集合刊、頁85-107、台北：聯
合報國學文獻館）

第二屆當代新儒學國際學術會議（1992年12月19-21日
「戰後日本的儒學研究」、1994年12月、傳統儒學的現代詮
釋、頁45-59、台北：文津出版社）

中央研究院中國文哲研究所清代經學國際研討會
（1992年12月22、23日「日本考證學的特色」、1994年6月、
清代經學國際研討會論文集、頁465-497）

第八屆中國域外漢籍國際會議（1993年5月24、25日「關
於鹽谷宕隱的六藝觀」）

第九屆中國域外漢籍國際會議（1994年8月20、21日「讀
仁井田南陽的《樂古堂文集》」）

第十屆中國域外漢籍國際會議（1995年10月21、22日「岡
本監輔及其所著《岡本子》」）

中央研究院中國文哲研究所講演（1996年8月22日「日本之論語研究」、1997年9月、中國文哲研究通訊7卷3期、頁1-15）

台南成功大學第一屆台灣儒學研究國際研討會（1997年4月11、13日「久保天隨的學術成就——以漢學史為探討重點」、1997年6月、第一屆台灣儒學研究國際研討會論文集上冊、頁51-68）

台南成功大學第二屆台灣儒學研究國際研討會（1999年12月18、19日「東閣倡和集」之探討）

福田　殖　范仲淹一千年誕辰國際學術研討會（1989年9月1日-4日「范仲淹與宋初三先生」、1990年6月、范仲淹一千年誕辰國際學術研討會論文集、台北：台灣大學中國文學系）

中央研究院中國文哲研究所國際朱子學會議（1992年5月29-31日「朱熹的死生觀」、1993年5月、國際朱子學會議論文集、頁877-906）

中央研究院中國文哲研究所元代經學國際研討會（1998年12月22、23日「經學者許衡——其思想的特質」）

佐藤　仁　中央研究院中國文哲研究所國際朱子學會議（1992年5月29-31日「朱熹敬説的一個考察」、1993年5月、國際朱子學會議論文集、頁615-658）

柴田　篤　中央研究院中國文哲研究所國際朱子學會議（1992年5月29-31日「明清期的天主教與朱子學」、1993年5月、國際朱子學會議論文集、頁907-941）

笠　征　第三屆中國域外漢籍國際會議（1988年9月13-16日「淺

見絅齋的《靖獻遺言》」、1990年11月、第三屆中國域外漢
籍國際會議論文集、頁189-199、台北：聯合報國學文獻館）

第五屆中國域外漢籍國際會議（1990年12月2、3日「《冥
報記》對漢譯佛典的受容」、1991年12月、第五屆中國域外
漢籍國際會議論文集、頁121-135、台北：聯合報國學文獻館）

第六屆中國域外漢籍國際會議（1991年8月29日-9月1日
「中國志怪小說在日本的流傳與影響」、1993年5月、第六屆
中國域外漢籍國際會議論文集、頁167-176、台北：聯合報國
學文獻館）

中央研究院中國文哲研究所講演（1995年2月22日「九
十年代大陸文學的基本態勢」、1995年3月、中國文哲研究通
訊5卷1期、頁1-22）

第八屆中國域外漢籍國際會議（1993年5月24、25日「日
本藏漢籍小說的學術價值之一」、1995年10月、第七、八屆
中國域外漢籍國際會議論文集合刊、頁563-580、台北：聯合
報國學文獻館）

王　孝廉　第五屆中國域外漢籍國際會議（1990年12月2、3日「關
於富永仲基的加上說」於漢城）

中國神話與傳說學術研討會（1995年4月20-23日「西王
母與周穆王」於台北國立中央圖書館）

中國域外漢籍會議（1999年6月「朴趾源及他的熱河日記」
於台北東吳大學）

野口善敬　第四屆中國域外漢籍國際會議（1987年7月2、3日「晦
山戒顯年譜稿」、1991年8月、第四屆中國域外漢籍國際會議

論文集、頁307-332、台北：聯合報國學文獻館）

第六屆中國域外漢籍國際會議（1991年8月29日-9月1日

「《藏經書院本》──京都大學附屬圖書館所藏──稀覯禪

籍目錄」、1993年5月、第六屆中國域外漢籍國際會議論文集、

頁423-500、台北：聯合報國學文獻館）

東　英壽　淡江大學第二屆東亞漢學國際會議（1997年11月13-15

日「江戶時代的歐陽修評論」）

高津　孝　淡江大學第二屆東亞漢學國際會議（1997年11月13-15

日「蘇軾的藝術論與『場』」）

中筋健吉　淡江大學第二屆東亞漢學國際會議（1997年11月13-15

日「薩摩藩與漢語──關於漢日詞典『南山俗語考』」）

谷口明夫　淡江大學第二屆東亞漢學國際會議（1997年11月13-15

日「潘仁『唐相陸宣公奏議纂注』略論」）

連　清吉　第四屆中國域外漢籍國際會議（1987年7月2、3日「日

本江戶時代以來考證學者的考證方法」）

淡江大學宗教國際會議（1989年9月7-10日「八幡信仰」）

淡江大學中外關係史國際學術研討會（1989年6月23-25

日「清末民初中國學者於日本文化的受容」、1989年6月、中

外關係史國際學術研討會論文集──思想與文物交流──、

頁213-225）

第五屆中國域外漢籍國際會議（1990年12月2、3日「龜

井昭陽的《莊子瑣說》」、1991年12月、第五屆中國域外漢

籍國際會議論文集、頁137-157、台北：聯合報國學文獻館）

第六屆中國域外漢籍國際會議（1991年8月29日-9月1日

「從文獻資料看日本江戶時代的《莊子》研究」、1993年5
月、第六屆中國域外漢籍國際會議論文集、頁177-205、台北：
聯合報國學文獻館）

第七屆中國域外漢籍國際會議（1992年5月7、8日「關
於龜井昭陽的《家學小言》」、1995年10月、第七、八屆中
國域外漢籍國際會議論文集合刊、頁231-264、台北：聯合報
國學文獻館）

第二屆當代新儒學國際學術會議（1992年12月19-21日
「日本幕末知識階層的自覺」、鵝湖雜誌社·東方人文學術
基金會主辦、於中央圖書館）

第八屆中國域外漢籍國際會議（1993年5月24、25日「關
於宇津木昆台的《解莊》」、1995年10月、第七、八屆中國
域外漢籍國際會議論文集合刊、頁581-590、台北：聯合報國
學文獻館）

第九屆中國域外漢籍國際會議（1994年8月20、21日「江
戶時代後期的莊子研究」）

第十屆中國域外漢籍國際會議（1995年10月21、22日「安
井小太郎的《經學門徑書目》」）

中央研究院中國文哲研究所明代經學國際研討會
（1995年12月22、23日「日本經學研究的系譜」、1996年6
月、明代經學國際研討會論文集、頁597-618）

中央研究院中國文哲研究所講演（1995年9月22日「日
本幕末以來的文化攘夷論」、1997年3月、中國文哲研究通訊
7卷1期、頁9-19）

台南成功大學第一屆台灣儒學研究國際研討會（1997
年4月11、13日「神田喜一郎及其『敦煌學五十年』」、第一
屆台灣儒學研究國際研討會論文集下冊、頁471-492）

淡江大學第二屆東亞漢學國際會議（1997年11月14-15
日「大田錦城的學問」）

中央研究院中國文哲研究所乾嘉學者之治經方法
（一）研討會（1998年12月31日「日本考證學家的考證方
法」）

孔子學術國際會議（1999年9月28、29日「環中國海地區
的思想形態──以中日思想為主──」、鵝湖雜誌社・東方
人文學術基金會主辦、於國家圖書館）

台南成功大學第二屆台灣儒學研究國際研討會（1999
年12月18、19日「戰後台灣學界與九州中國學界交流情形」）

淡江大學第九屆社會與文化國際學術研討會──漢
語文化學（2000年5月24-27日「中國語文與中國人的思想特
質」

淡江大學台灣儒學與現代生活（2000年11月9、10日「就
中日儒學的因革論台灣儒學現代化的取向」）

朱子與宋明儒學學術研討會──以紀念朱熹去世八
百年（2000年24、25日「九州二儒岡田武彥、荒木見悟先生
於宋明理學的詮釋」、鵝湖雜誌社・東方人文學術基金會・
中央大學哲學研究所主辦、於師範大學）

金　培懿　淡江大學第二屆東亞漢學國際會議（1997年11月14-15
日「聖人旨意的探討──伊藤仁齋『論語古義』的意圖」）

台南成功大學第一屆台灣儒學研究國際研討會（1997
年4月11、13日「日據時代台灣儒學研究之類型」、第一屆台
灣儒學研究國際研討會論文集下冊、頁283-328）

中央研究院中國文哲研究所乾嘉學者之治經方法
（一）研討會（1998年12月31日「安井息軒的論語注釋方
法論──何謂『論語集說』」）

陳　瑋芬　台南成功大學第一屆台灣儒學研究國際研討會（1997
年4月11、13日「大日本主義風潮下的日本漢學者──鹽谷溫
晚年的儒學觀與其『台灣遊記』」、第一屆台灣儒學研究國
際研討會論文集下冊、頁137-166）

台南成功大學第二屆台灣儒學研究國際研討會（1999
年12月18、19日「日治下的台灣孔教」）

（二）台灣學者到九州大學訪問研究

1.黃錦鋐（師範大學教授、1978年2月-8月）

2.王仁鈞（淡江大學教授、1983年3月-8月）

3.周彥文（淡江大學教授、獲福岡太平洋基金會獎助、1992年9月-1993
年2月）

4.林慶彰（中央研究院中國文哲研究所研究員、1994年7月-9月、1997年
9月-1998年8月）

5.鄭瑞明（師範大學教授、1995年12月-1996年2月）

6.楊儒賓（清華大學教授、1997年2月-7月）

7.黃文吉（彰化師範大學教授、1998年7月-9月）

8.王開府（師範大學教授、1999年7月-9月）

9.蔡廷吉（僑生大學教授、1999年7月-9月）

（三）台灣學者在九州地區專題講演、發表論文或研究報告

1.龔鵬程「漢代思想的定位」（九州中國學會、1989年5月14日於宮崎大學）

2.黃錦鋐「郭象的莊子注」（九州中國學會專題講演、1990年4月22日於琉球大學、1990年10月、九州大學中國哲學論集16、頁1-7）

3.王文進「邊塞詩爲何起於南朝論」（九州中國學會、1990年4月22日於琉球大學）

4.昌彼得「中國的目錄學」（專題講演、1990年4月24日於福岡大學）

5.黃錦鋐「莊子思想的共通律」（專題講演、1990年4月25日於九州大學）

6.王邦雄「道家思想的現代意義」（日本道教學會專題講演、1990年11月17日於九州大學）

7.王更生「台灣研究文心雕龍的現狀」（1991年5月11日於九州大學、九州中國學會後「文心雕龍」研討會的專題講演、町田三郎「九州大學《文心雕龍》國際學術研討會」序、1991年9月、文心雕龍國際學術研討會論文集、台北：文史哲出版社）

8.周志文「何心隱與李卓吾的人倫觀」（九州中國學會、1992年5月23日於長崎大學、1993年5月、九州中國學會報31、頁23-38）

9.周彥文「九州大學文學部所藏明版之一二」（研究報告、1992年12月13日於九州大學「中國哲學懇話會」、1993年10月、九州大學中國哲學論集19、頁70-76）

10.東亞傳統文化國際會議（1994年4月8-10日於福岡）

11.林慶彰「編纂『日本儒學研究文獻目錄』」（研究報告、1994
年9月25日於九州大學「中國哲學懇話會」）

12.戴瑞坤「中日韓的朱子・陽明研究」（九州中國學會專題講演、
1996年5月18日於鹿兒島純心女子大學）

13.東亞漢學國際會議（1996年12月27、28日於鹿兒島大學）

14.楊儒賓「新中國的新儒家改變了嗎？——當孔子遇見了馬克
斯」（研究報告、1997年7月6日於九州大學「中國哲學懇話會」、1997
年10月、九州大學中國哲學論集23、頁34-65）

15.林慶彰「大田錦城與清初的考證學——以『九經談』爲中心
——」（研究報告、1998年7月19日於九州大學「中國哲學懇話會」）

16.王開府「張橫渠對氣論的解釋」（研究報告、1999年9月11日於九
州大學「中國哲學懇話會」）

17.蔡廷吉「賈誼的經濟思想」（研究報告、1999年9月11日於九州大
學「中國哲學懇話會」）

　　在台灣學界與九州中國學界的交流中，值得一提的是「中國域
外漢籍國際會議」、「東亞傳統文化國際會議」與「東亞漢學國際
會議」的召開。「中國域外漢籍國際會議」聯合報國學文獻館主辦
而台灣、日本、韓國學術機構協辦的。主其事的是聯合報國學文獻
館館長、台灣大學陳捷先教授，日本代表是明治大學的神田信夫教
授、早稻田大學的福井文雅教授、九州大學的町田三郎教授、福岡
大學的笠征教授，韓國的代表是延世大學的黃元九教授等人。會議
的宗旨猶如第六屆舉辦時，聯合報副董事長王必成致辭所說的：「我
們之所以重視這方面的研究，主要的是因爲以往國際漢學研究過分
強調中國本土的著作，而忽略了世界各地的漢文圖書檔冊。國學文

獻館首先提倡這方面的研究，是希望擴大漢學研究的範圍，探究過去中國與鄰邦文化交流的事實，爲未來新漢學研究做些鋪路與奠基的工作。」

第一屆於1986年9月27-29日，與日本產經新聞合辦，在日本東京明治大學舉行。第二屆於1987年12月17-19日，在台北聯合報召開。第三屆於1988年9月13-16日，與漢城建國大學合辦，在水安堡Park hotel舉行。第四屆於1989年7月2、3日，與夏威夷大學韓國研究所合辦，在夏威夷Prince Khuhill hotel召開。第五屆於1990年12月2、3日，與韓國中國學會合辦，在漢城總統飯店舉行。第六屆於1991年8月29日-9月1日，在台北政大企教中心召開。第七屆於1992年5月7、8日，在日本東京早稻田大學舉行。第八屆於1993年5月24、25日，在台北中央研究院學術活動中心召開。第九屆於1994年8月20、21日，與九州中國學會合辦，在日本福岡大學招待所舉行。第十屆於1995年10月21、22日，與慕山學術研究所合辦，在韓國大邱嶺南大學召開。⓫

1986年至1995年的十年歲月，前後共舉行了十次會議。論文的內容大抵根據「中國域外漢籍」的主題，廣泛的研討中國域外各國漢籍出版的歷史、現今收藏的情形及研究成果，特殊漢籍的內容研

⓫ 日本學者撰文記載中國域外漢籍國際會議的有町田三郎〈『中國域外漢籍國際會議』のこと〉，九州大學《中國哲學論集》14，頁57-61，1988年10月；町田三郎〈第五回中國域外漢籍國際會議〉，《東洋の思想と宗教》8號，頁105-109，1991年6月；町田三郎〈第六回『中國域外漢籍國際會議』に參加して〉，《東方學》83輯，頁153-157，1992年1月；中村璋八〈第六回域外漢籍國際學術會議〉，《東洋の思想と宗教》9號，頁102-107，1993年6月。於福井文雅〈漢籍國際會議二種〉，《東洋の思想と宗教》10號，頁49-59，1993年6月，則是介紹第七屆中國域外漢籍國際會議的開會情形。

究，漢籍與近代學術的關係，亞洲各國文化交流的回顧與展望等問題。此中最值得關注的是十次會議的研討所呈現出來的學術研究動向，這也是召開「中國域外漢籍國際會議」的重要成果之一。町田三郎先生説：除中日韓的漢籍以外，由於越南現存漢籍的探究，引發學者對越南漢籍與漢文學的關注。韓國漢學與日本江戸時代的漢學有密切關連；但是日本的中國學研究者卻未必留意。日本漢學的研究狀況爲台灣的學者所關注，這是召開「中國域外漢籍國際會議」的十年間，所呈現出的學術動向⓬。町田三郎先生所指出的學術研究現象，於日後都有了回應。如越南漢籍與漢文學的研究，則有以法國科學研究中心的陳慶浩教授、台灣東吳大學王國良爲主的越南漢籍小説的研究。韓國漢學與日本江戸時代漢學的關連，則有以日本九州大學中國哲學研究所柴田篤教授爲主的韓國儒學與日本江戸儒學比較研究的探討。台灣學界的日本漢學研究則有中央研究院中國文哲研究所林慶彰教授主編《日本研究經學論著目錄（1900-1992）》（1993年10月，台北：中央研究院中國文哲研究所）、《日本儒學研究書目》（1998年7月，台北：學生書局）的出版，中央研究院中國文哲研究所李明輝教授、劉述先教授、黃俊傑教授推動的「當代儒學主題研究計畫」，於1997年9月召開「日本近現代儒學研討會」，出版《儒家思想在現代東亞：日本篇》（1999年6月，台北：中央研究院中國文哲研究所）。

「東亞傳統文化國際會議」於1994年4月8-10日在福岡舉行。是以岡田武彦先生爲中心而招集九州中國學者，經過三年的籌畫，邀

⓬　町田三郎〈第六回『中國域外漢籍國際會議』に参加して〉，《東方學》83輯，頁153-157，1992年1月。

請中國、韓國、台灣、香港、新加坡、澳洲、美國、法國、加拿大、斯洛凡尼亞等五十多位，及日本國內十多位學者發表論文的國際會議。大會會長岡田武彥先生於開幕式致辭中敘述會議的宗旨説：「此國際會議以東亞、特別是中國傳統文化爲基礎，分『中國傳統思想的展開』、『周邊地域的中國文化』、『傳統思想與現代──新儒家論』三個主題進行研討。二十世紀末的今日，世界的政治、經濟、社會、文化都産生激烈的變化。通過吾人對傳統文化、思想的再度省思，是否能開拓出人類未來的新途徑，探究出傳統思想展現新機的方法，則是此次國際會議所擔負重大且切實的課題。」會議結束後，美國哥倫比亞狄百瑞教授致函岡田武彥先生説：「福岡的會議是個人參加的國際會議中，最圓滿成功的會議之一。」早稻田大學福井文雅教授也説：「以中國哲學爲主題的國際會議，規模之大、內容之充實，是前所未見的。」九州大學柴田篤教授則説此次會議是「發揮地域學術的特色，綜集東亞文化研究的結晶。❸」至於台灣大學黃俊傑教授綜理編纂的《東亞文化的探索──傳統文化的發展》、《東亞文化的探索──近代文化的動向》，不但是回應「東亞傳統文化國際會議」而編輯的論文集，更是台灣與日本九州中國

---

❸　狄百瑞教授與福井文雅教授之言見於町田三郎・福井文雅〈「東アジアの傳統文化國際會議」について〉，《東方學》89輯，頁119-125，1995年1月；柴田篤教授的敘述見於柴田篤〈福岡市で開催された『東アジアの傳統文化國際會議』〉，1994年10月，九州大學《中國哲學論集》20，頁107-118。又記載「東亞傳統文化國際會議」的，尚有源了圓〈東アジアの傳統文化國際會議に出席して〉，西日本新聞，1994年5月22日；河田悌一〈變わる中國と變わらぬ中國儒教〉，讀賣新聞關西版晚報，1994年5月31日，（其後收載於《中國を見つめて》，頁230-234，東京：研文出版，1998年5月）。

學界攜手完成而具有歷史意義的文化事業。❹

　　「東亞漢學國際會議」是台灣淡江大學、日本鹿兒島地區、韓國江原大學研究中國學的友朋發起的，採取「中國域外漢籍國際會議」的方式，由台灣、日本、韓國輪流主辦，論文的發表與研討皆以中文爲主。以中文爲中國學研討會的共通語言，在日本學界是先例。第一屆於1996年12月27、28日，在日本鹿兒島大學；第二屆於1997年11月14、15日，在台北淡江大學；第三屆於1998年9月25、26日，在韓國江原大學；第四屆於2000年12月2、3日於日本西南學院大學舉行。第一屆召開時，台灣的師友渡航南日本切磋學問。中央大學王邦雄教授講演「儒家思想在現代社會中的定位與出路」，淡江大學的周彥文教授發表「論歷代書目中的制舉類書目」，何金蘭教授發表「十八、九世紀越南文學與台灣文學之研究──以《傳奇新譜》中四篇傳奇爲例」，王仁鈞教授發表「齊物論篇章結構之蠡測」，成功大學唐亦男教授發表「儒學的價值觀與社會和諧」。在東京大學訪問研究的清華教授楊儒賓先生、在京都大學訪問研究的台灣大學教授張寶三先生亦與會，分別發表「榮格煉丹術思想與《太乙金華宗旨》」、「狩野直喜之春秋研究略論」。第二、三屆會後則有論文集的出版。❺

---

❹　《東亞文化的探索──傳統文化的發展》由黃俊傑、町田三郎、柴田篤主編，台北：正中書局，1996年11月；《東亞文化的探索──近代文化的動向》，黃俊傑、福田殖主編，台北：正中書局，1996年11月。

❺　第二屆會後出版《一九九七東亞漢學論文集》，台灣：學生書局，1998年1月；第三屆出版《第三屆東亞漢學國際會議論文集》，韓國：江原大學，1999年4月。

三、結 語

　　戰後的台灣學界繼承中國儒家的傳統，知識分子不但致力於傳統學術的研究，也關懷傳統文化的新慧命。以唐君毅、牟宗三先生為中心所提倡的新儒家思潮，主導台灣的儒家界。東北大學名譽教授金谷治先生或許對新儒家的時代關懷有所感受，而語重心長地說：中國思想的特質是現實主義、理性主義。對現實社會、政治抱持著強烈的關心是中國學者共通的傾向，這是研究中國思想的重要問題。

　　岡田武彥先生繼承師門家學，不但潛心於宋明理學的研究，並以實踐先儒學說的體驗哲學，提出身體說。又欲維繫東洋的傳統文化，發明先哲學問而撰述《山崎闇齋》、《貝原益軒》、《楠本端山》，編纂江戶時代儒者之生平及學問的《日本の思想家叢書》（明德出版社）。荒木見悟先生涉獵宋明文集，旁通佛門經典，故能闡明理學的奧義，深入佛學的精微，而成一家之學，又以餘力而及於江戶漢學的研究。町田三郎先生則優遊中國古代思想與日本漢學兩個領域，而以先秦兩漢與江戶明治漢學的研究成家。福田殖先生之學旨在發揚道學與崎門、即山崎闇齋一派之學。由此可知九州中國學的特色乃在於兼容貫通中國的理學、佛學、諸子學與日本江戶、明治漢學。

　　一九七〇年代以後，台灣儒學界與九州中國學界的交流極為頻繁，成果亦頗為豐碩。又由於學術的交流，彼此皆有以下的共識。

　　1.以岡田武彥、荒木見悟為主的九州宋明理學與佛學的研究為

台灣學界所認知。

2. 日本漢學、尤其是江戶時代以後的中國學也成爲台灣學界研究的對象之一。

3. 台灣新儒家的活躍，引發日本學界逐漸關懷「儒家之現代意義」的問題。

4. 台灣儒學研究是今後以台灣爲對象而展開的近代三百年中、日、台學術交流關係史研究的新課題。

戰後台灣儒學界與九州中國學界交流略表

1972年4月　岡田武彥於中國文化學院講演

1978年2月-8月　黃錦鋐到九州大學訪問研究

1978年4月4日　荒木見悟於淡江文理學院講演「陽明學的心學」

　　　　4月7日　荒木見悟於師範大學講演「陽明學與佛學」

1978年4月　岡村繁於淡江大學講演「詩經起於民間歌謠説」

1980年8月　岡田武彥於中央研究院世界漢學會議發表論文

1983年　岡村繁於淡江大學淡江講座講演「中國文學專題三講」

1983年3月-8月　王仁鈞到九州大學訪問研究

1983年4月　岡田武彥於中日韓比較文化會議發表「日本的新儒學」

1986年9月27-29日　第一屆中國域外漢籍國際會議舉行

1987年12月17-19日　第二屆中國域外漢籍國際會議舉行

1988年9月13-16日　第三屆中國域外漢籍國際會議舉行

1989年3月18日　町田三郎於逢甲大學講演「漢文大系」

1989年3月20、21日　町田三郎於淡江大學淡江講座講演「日本幕末之漢學家」

1989年5月14日　龔鵬程於九州中國學會發表「漢代思想的定位」

1989年6月23-25日　連清吉於淡江大學中外關係史國際學術研討會發表「清末民初中國學者於日本文化的受容」

1989年7月2、3日　第四屆中國域外漢籍國際會議舉行

1989年9月1日-4日　福田殖於范仲淹一千年誕辰國際學術研討會發表「范仲淹與宋初三先生」

1989年9月7-10日　淡江大學宗教國際會議

1990年4月22日　黃錦鋐於九州中國學會講演「郭象的莊子注」

　　　　　　　　王文進於九州中國學會「邊塞詩爲何起於南朝論」

1990年4月24日　昌彼得於福岡大學講演「中國的目錄學」

1990年4月25日　黃錦鋐於九州大學講演「莊子思想的共通律」

1990年11月17日　王邦雄於日本道教學會專題講演「道家思想的現代意義」

1990年12月2、3日　第五屆中國域外漢籍國際會議舉行

1991年5月11日　王更生於九州中國學會後「文心雕龍」研討會講演「台灣研究文心雕龍的現狀」

1991年8月29-9月1日　第六屆中國域外漢籍國際會議舉行

1992年5月7、8日　第七屆中國域外漢籍國際會議舉行

1992年5月23日　周志文於九州中國學會發表「何心隱與李卓吾的人倫觀」

1992年5月29-31日　中央研究院中國文哲研究所國際朱子學會議

1992年7月31日　荒木見悟於中央研究院中國文哲研究所講演「朱子學與大慧宗杲」

1992年7月31日　荒木見悟於師範大學講演「陽明學的心學特質」

1992年9月-1993年2月　周彥文獲得福岡太平洋基金會獎助，至九州大學訪問研究

1992年12月13日　周彥文於九州大學「中國哲學懇話會」研究報告「九州大學文學部所藏明版之一二」

1992年12月19-21日　第二屆當代新儒學國際學術會議

1992年12月22、23日　町田三郎於中央研究院中國文哲研究所清代

經學國際研討會發表「日本考證學的特色」

1992年12月24日　岡田武彥於中央研究院中國文哲研究所講演「簡素的精神」

1993年5月24、25日　第八屆中國域外漢籍國際會議舉行

1994年4月8-10日　於福岡舉行東亞傳統文化國際會議

1994年7月-9月　林慶彰到九州大學訪問研究

1994年8月20、21日　第九屆中國域外漢籍國際會議舉行

1994年9月25日　林慶彰於九州大學「中國哲學懇話會」研究報告「編纂『日本儒學研究文獻目錄』」

1995年2月20日　岡村繁於中央研究院中國文哲研究所講演「孝道與情欲——後漢末期儒教的苦惱」

1995年2月22日　笠征於中央研究院中國文哲研究所講演「九十年代大陸文學的基本態勢」

1995年4月20-23日　王孝廉於中國神話與傳說學術研討會發表「西王母與周穆王」

1995年7月-9月　鄭瑞明到九州大學訪問研究

1995年9月21日　岡田武彥於中央研究院中國文哲研究所講演「我的生涯與儒教——追求體認之學的歷程」

1995年9月22日　連清吉於中央研究院中國文哲研究所講演「日本幕末以來的文化攘夷論」

1995年10月21、22日　第十屆中國域外漢籍國際會議舉行

1995年12月22、23日　連清吉於中央研究院中國文哲研究所明代經學國際研討會發表「日本經學研究的系譜」

1996年5月18日　戴瑞坤於九州中國學會專題講演「中日韓的朱子·陽明研究」

1996年8月22日　町田三郎於中央研究院中國文哲研究所講演「日本
　　之論語研究」

1996年12月27、28日　於鹿兒島大學舉行東亞漢學國際會議

1997年2月-7月　楊儒賓到九州大學訪問研究

1997年4月11、13日　台南成功大學第一屆台灣儒學研究國際研討會

1997年7月6日　楊儒賓於九州大學「中國哲學懇話會」研究報告「新
　　中國的新儒家改變了嗎？──當孔子遇見了馬克斯」

1997年9月-1998年8月　林慶彰到九州大學訪問研究

1997年9月6日　岡田武彥於中央研究院中國文哲研究所日本近現代
　　儒學研討會發表「楠本端山與幕末維新的朱子學‧陽明學」

1997年11月13-15日　淡江大學第二屆東亞漢學國際會議

1998年7月-9月　黃文吉到九州大學訪問研究

1998年7月19日　林慶彰於九州大學「中國哲學懇話會」研究報告「大
　　田錦城與清初的考證學──以『九經談』為中心──」

1998年12月22、23日　福田殖於中央研究院中國文哲研究所元代經
　　學國際研討會發表「經學者許衡──其思想的特質」

1998年12月31日　中央研究院中國文哲研究所乾嘉學者之治經方法
　　（一）研討會

1999年6月　王孝廉於中國域外漢籍會議發表「朴趾源及他的熱河日記」

1999年7月-9月　王開府、蔡廷吉到九州大學訪問研究

1999年9月11日　王開府於九州大學「中國哲學懇話會」研究報告
　　「張橫渠對氣論的解釋」

　　　　　　　　蔡廷吉於九州大學「中國哲學懇話會」研究報告
　　「賈誼的經濟思想」

1999年9月28、29日　連清吉於孔子學術國際會議發表「環中國海地區的思想形態──以中日思想爲主──」

1999年12月18、19日　台南成功大學第二屆台灣儒學研究國際研討會

2001年6月　《慶祝莆田黃錦鋐教授八秩日本町田三郎教授七秩嵩壽論文集》出版，文史哲出版社

2001年12月　《笠征教授華甲紀念論文集》出版，學生書局

後　記
（原載刊物一覽）

以內藤湖南的螺旋循環史觀論近世以來中日文化傳播的軌跡
　　2001年6月　慶祝莆田黃錦鋐教授八秩日本町田三郎教授七秩嵩
　　壽論文集　台北文史哲出版社
日本考證學家的考證方法
　　2000年10月　乾嘉學者的治經方法（下）　台北中央研究院中國
　　文哲研究所
幕末以來的文化攘夷論
　　1997年3月　中國文哲研究通訊第七卷第一期　台北中央研究院
　　中國文哲研究所
台灣當代的「哈日」文化
　　2002年3月　鵝湖月刊321號　鵝湖月刊雜誌社
環中國海地域以儒家爲主體的思想形態
　　1999年9月　經學研究論叢第七輯　台北學生書局
就中日儒學的因革論台灣儒學現代化的取向
　　2000年12月　台灣儒學與現代生活國際學術研討會論文集　台北
　　學生書局

以體驗身學闡揚儒學傳承的岡田武彥先生

　2002年3月　經學研究論叢第十輯　台北學生書局

執著於學問思辨與會通的荒木見悟先生

　2002年3月　經學研究論叢第十輯　台北學生書局

優遊於中國古代思想史與日本漢學二領域的町田三郎先生

　1993年12月　中國文哲研究通訊第三卷第四期　台北中央研究院
　　中國文哲研究所

以道學自任的福田殖先生

　1995年6月　中國文哲研究通訊第五卷第二期　台北中央研究院
　　中國文哲研究所

戰後台灣儒學界與九州中國學界交流情形

　1999年12月　第二屆台灣儒學國際學術研討會論文集　台南成功
　　大學

國家圖書館出版品預行編目資料

從螺旋史觀看中日文化的發展

連清吉著. – 初版. – 臺北市：臺灣學生，
2002[民 91]
面；公分

ISBN 957-15-1140-4 (精裝)
ISBN 957-15-1141-2 (平裝)

1. 中國 – 文化 – 論文，講詞等
2. 日本 – 文化 – 論文，講詞等
3. 中國 – 文化關係 – 日本

541.262   91015794

從螺旋史觀看中日文化的發展（全一冊）

著　作　者：連　　　　清　　　　吉
出　版　者：臺　灣　學　生　書　局
發　行　人：孫　　　善　　　治
發　行　所：臺　灣　學　生　書　局
　　　　　　臺北市和平東路一段一九八號
　　　　　　郵 政 劃 撥 帳 號 ： 0 0 0 2 4 6 6 8
　　　　　　電　話　：（02）23634156
　　　　　　傳　眞　：（02）23636334
　　　　　　E-mail：student.book@msa.hinet.net
　　　　　　http：//studentbook.web66.com.tw
本書局登
記證字號：行政院新聞局局版北市業字第玖捌壹號
印　刷　所：宏　輝　彩　色　印　刷　公　司
　　　　　　中和市永和路三六三巷四二號
　　　　　　電　話　：（02）22268853

　　　　　精裝新臺幣三一○元
定價：平裝新臺幣二四○元

西 元 二 ○ ○ 二 年 九 月 初 版